Rudolf Künstlinger

Parteidiktatur oder Demokratischer Sozialismus

Der tschechoslowakische Weg nach 1945

Werner Raith Verlag Starnberg

Reihe Politische Analysen
herausgegeben von E. M. Spannraft

ISBN 3—921121—31—0

Herstellung: Druckerei Fischer, 812 Weilheim;
Thomas-Buchbinderei, 89 Augsburg
Umschlag: Ursula Raith
Printed in Germany 1972

Inhalt

Vorbemerkung

In den letzten Jahren sind im Westen viele Schriften über die Reformversuche in der ČSSR während des Jahres 1968 erschienen. Die Autoren beginnen meistens mit einer Schilderung der letzten Etappe des Novotný-Regimes. Sie analysieren die Ursachen des Niederganges, interpretieren das tschechoslowakische Modell des Sozialismus, das durch die militärische Intervention der fünf Warschauer-Paktstaaten gewaltsam zerstört wurde.

Die vorliegende Schrift ist ein Versuch, die Entwicklung der Tschechoslowakei und ihres politischen Modells nach dem Zweiten Weltkrieg darzustellen. Sie möchte nicht bloß ein historisches Problem aufzeigen, sondern eher einen kleinen Beitrag zur gegenwärtigen Diskussion über verschiedene Sozialismusmodelle liefern — die wichtigen Erfahrungen der Tschechslowakei, des industriell am weitesten entwickelten Landes in Osteuropa, sollten nicht in Vergessenheit geraten. Es handelt sich um jene erste Etappe der Volksdemokratie, in der die Nationale Front aus einer Koalition unterschiedlicher sozialer und politischer Kräfte bestand, als die verschiedenen geistig-politischen Strömungen eine Variante des Sozialismus suchten, die den politischen, ökonomischen und kulturellen Bedingungen und den demokratischen Traditionen des Landes entsprechen sollte. Im Mai 1946 siegte erstmalig in der Geschichte die kommunistische Partei in freien Wahlen. Die KPČ erklärte nach ihrem Wahlsieg und auch später noch, sie werde den „spezifischen tschechoslowakischen Weg zum Sozialismus, ohne Sowjets und ohne Diktatur des Proletariats" gehen. Die Analyse dieses Konzepts, der Wandlungen und schließlich die Darstellung des tragischen Endes dieses Weges ist das Hauptanliegen des Verfassers.

Am tschechoslowakischen Beispiel kann man die engen Zusammenhänge zwischen dem innenpolitischen Ringen um ein pluralistisches Modell des Sozialismus und dem Interessendruck der Weltmächte gut verfolgen. Solange die antifaschistische Allianz der Großmächte bestand, tolerierte sogar Stalin den „spezifischen

Weg“ zum Sozialismus. Als dann die Allianz zerfiel und der Kalte Krieg die internationale Szenerie beherrschte, als das Kominform gegründet wurde und der Konflikt mit Jugoslawien ausbrach, wurden jegliche Versuche, einen eigenen Weg zum Sozialismus zu gehen, begraben.

Viele junge Menschen, vor allem Hochschulstudenten, waren in der Nachkriegszeit vom marxistischen Konzept der „radikalen Veränderung der Welt“ und von der Errichtung „einer neuen Gesellschaft“ fasziniert. Diese Jugend war engagiert und glaubte an die Realisierbarkeit einer sozial ausgeglichenen, auf wissenschaftlichen Prinzipien gegründeten Gesellschaft. Doch kannte sie weder den Mechanismus noch die Logik der Macht, noch den Stalinismus. In den fünfziger Jahren „glaubte“ sie noch und blieb so eine verläßliche Stütze des damaligen Regimes. Erst viel später begriff sie, was eigentlich in den Jahren 1945—1954 geschehen war und fühlte sich dann unendlich betrogen, ja verführt.

Diese Menschen gehören heute zur mittleren Generation; einige von ihnen übten in den sechziger Jahren bedeutende Funktionen aus, im Partei- oder Staatsapparat, in den Hochschulen und in wissenschaftlichen Institutionen, in der Industrie sowie im kulturellen Leben; andere gehörten bereits zu den Verfolgten und Ausgestoßenen. In ihren Überlegungen kehrten sie oft zu den Jahren 1945—1948 zurück, zu jener hoffnungsvollen Entwicklungsetappe der Nachkriegstschechoslowakei. Ein Großteil gerade dieser Generation gehörte zu den geistigen Vätern der Reformbewegung in der ČSSR und zu deren konsequentesten Verfechtern im Jahre 1968. Es war die „zweite Garnitur“ (einige waren schon 1968 zur ersten Garnitur vorgestoßen) — wissenschaftliche Berater der Reformpolitiker, Autoren des Aktionsprogramms und der neuen Parteistatuten, Journalisten und Kommentatoren, Schriftsteller, Künstler und Wissenschaftler. Sie nahmen den Kampf mit Kräften auf, deren Stärke sie falsch eingeschätzt hatten; sie wollten ihre „letzte historische Gelegenheit“ nutzen und damit zur Überwindung eines unsinnigen, despotischen, stalinistischen Systems beitragen.

Die vorliegende Arbeit will dem deutschen Leser die Vorstellungen der tschechslowakischen Autoren zum gegebenen Thema vermitteln, die in erster Reihe in den zwei Werken von *Karel Kaplan* — „Znárodnění a socialismus“ und „Utváření generální linie výstavby socialismu v Československu“, im Buch von *Jaroslav Opat* — „O novou demokracii 1945—1948“ und im Sammelband „Československá revoluce v letech 1944—1948“ ihren Ausdruck fanden. Das verwendete Archivmaterial wie auch andere Quellen-Hinweise wurden den erwähnten Publikationen entnommen.

Den Mitarbeitern des Bundesinstituts für ostwissenschaftliche und internationale Studien in Köln möchte ich für die Unterstützung meiner Arbeit aufrichtig danken.

Bonn-Bad Godesberg, Mai 1972 *Rudolf Künstlinger*

1. Betrachtungen über die Nachkriegstschechoslowakei

Die tschechoslowakische Widerstandsbewegung unterscheidet sich in einem wichtigen Merkmal von der polnischen oder jugoslawischen: bereits während des Krieges vereinigte sie ihre Hauptströmungen zu einem zentralen Ziel — Niederwerfung des Nationalsozialismus und die Wiederherstellung einer freien Tschechoslowakischen Republik.

Der führende Kopf der tschechoslowakischen Emigration, *Dr. Edvard Beneš*, formulierte bereits in den ersten Kriegsjahren einige Ansichten über die Lösung der sozialen und politischen Probleme im Nachkriegseuropa. *Beneš*, ein Politiker von Format, respektierte viele Erfahrungen aus der Periode der dreißiger Jahre, der Zeit der Krise der europäischen Demokratie und des Sieges des Faschismus. Im Jahre 1941 gipfelten seine Überlegungen in der Erkenntnis:

> .. eine Reform und Erneuerung der politischen Demokratie ist unausweichbar ... in den Kämpfen, zu denen es nach diesem Kriege überall auf dem Kontinent kommen wird, werden alle angeführten Schwächen der liberalen Demokratie entweder durch einen neuen Versuch um einen faschistischen oder anderen Totalismus oder durch scharfe gewalttätige soziale Revolutionen gelöst, wenn die kontinentale europäische Demokratie keine allmählichen und vernünftigen Veränderungen ihrer wirtschaftlichen und sozialen Struktur in die Wege leitet, wenn sie ihr politisches System nicht reformiert.[1])

Bei den Ansichten *Beneš's* handelt es sich um gewichtige politische und programmatische Schlußfolgerungen, deren Grundzüge schon vor Ausbruch des Zweiten Weltkrieges gereift waren. In seinen Vorlesungen an der Universität von Chicago hatte sich *Dr. Beneš* mit der Krise der europäischen Demokratie auseinandergesetzt, mit der Kritik an ihr und ihrer notwendigen Reformierung.

Die Erfahrungen mit München und die Entwicklung der Kriegsereignisse drängten *Beneš*, das Verhältnis der Tschechoslowakei zur Sowjetunion zu überdenken, zu jener Großmacht, die aller

Voraussicht nach eine weitaus größere Rolle im Europa der Nachkriegszeit spielen würde als vor dem Kriege. Der sowjetische Diplomat *Majskij*, ehemaliger Botschafter der UdSSR in London, pflegte während des Krieges mit *Beneš* häufigen Kontakt. Während eines Besuchs in Prag 1965 charakterisierte *Majskij Beneš* in einem Gespräch mit tschechoslowakischen Historikern als Patrioten, als Demokraten, dem es in den Beziehungen zur UdSSR um ein ehrliches Bündnis und Zusammenarbeit gegangen sei. Das entsprach sicherlich nicht der offiziellen Wertung *Beneš's* durch das Regime Novotný.[2])
Ehe sich *Beneš* zur Unterzeichnung des Sowjetisch-tschechoslowakischen Vertrags über Freundschaft, gegenseitige Hilfe und Nachkriegszusammenarbeit (12. Dezember 1943) nach Moskau begab, hatte er schon sein Nachkriegskonzept entwickelt. Bei dieser Gelegenheit kam es zwischen *Beneš* und den von *Gottwald* geführten Kommunisten in Moskau zu wichtigen Diskussionen über Vergangenheit und Zukunft der Tschechoslowakei und über die Möglichkeiten der gemeinsamen Zusammenarbeit. Der Inhalt dieser Gespräche, so wie er von den Kommunisten aufgezeichnet wurde, ist bemerkenswert.[3])
Beneš hatte sich entschlossen, die praktischen Schlußfolgerungen aus den dramatischen und tragischen Erfahrungen der Tschechoslowakei zu ziehen. Seine Vorstellungen hatten sich nach links verschoben. Die Revolution, die gegen Kriegsende in der Tschechoslowakei zu erwarten war, werde — so meinte er jetzt — „eine nationale Revolution sein, die mit einer sozialen Revolution verknüpft sei". Im einzelnen führte er aus:

Trotz der Maßnahmen nationalen Charakters und trotz der Maßnahmen gegen die reichen Deutschen öffnet sich der Weg auch für radikale wirtschaftliche Eingriffe und soziale Umwälzungen in den tschechischen Gebieten. Selbst der Gewerbebank (Repräsentant des tschechischen Finanzkapitals) werden ihre Gruben nicht zurückgegeben. Die Republik muß allseitig demokratisiert werden.[4])

Beneš war z. B. bereit, einem Kommunisten als Ministerpräsidenten in der ersten Regierung nach der Befreiung seine Zustimmung nicht zu versagen (die Kommunisten hatten allerdings andere Pläne), er sträubte sich nicht, einen Kommunisten zum Verteidigungsminister zu berufen. Die Kommunisten wünschten jedoch und erreichten dies auch — den Posten des Innenministers.[5])

Die Verhandlungen in Moskau verliefen konstruktiv und zur Zufriedenheit der Kommunisten. *Klement Gottwald* charakterisierte das Ergebnis mit den Worten: „Alles ist auf gutem Wege." In einigen Fragen allerdings, wie z. B. bei der Behandlung des slowakischen Problems, beharrte *Dr. Beneš* auf der traditionellen Position des „Tschechoslowakismus" — das war eine irreale Vorstellung über die „einheitliche tschechoslowakische Nation", die Ignorierung der Selbständigkeit der slowakischen Nation mit allen politischen Konsequenzen.

Für das Schicksal und die endgültige Richtung des nationalen Befreiungskampfes war es wesentlich, daß *Beneš* als bürgerlicher Politiker der Anti-Hitler-Front und als im In- und Ausland anerkanntes Staatsoberhaupt aktiv die Basis für Zusammenarbeit mit linksgerichteten, sozialistisch orientierten Kräften geschaffen hatte. Im Vergleich zu Polen und Jugoslawien gab es in der Tschechoslowakei keine Komplikationen bei der Bildung der ersten Nachkriegsregierung. *Beneš* war der einzige Politiker Mittel- und Südosteuropas, der nach dem Krieg zu seiner früheren Position als Präsident der wiederhergestellten Tschechoslowakischen Republik zurückkehren konnte.

In der Frage der politischen Parteien schlug *Beneš* damals in Moskau vor, Kommunisten, Sozialdemokraten und tschechische Sozialisten („nationale Sozialisten") zu einer linken Einheitspartei zusammenzuschließen. Neben ihr sollte es eine Partei der Mitte und eine Rechtspartei geben. Die Kommunisten waren wohl bereit, mit Sozialdemokraten und tschechischen Sozialisten eine Art Linke zu bilden, lehnten jedoch ab, sich mit ihnen zu einer einzigen Partei zu verschmelzen. *Beneš* hatte geglaubt, daß ein sozialistischer Block die Unterstützung der überwältigenden Mehrheit des Volkes erringen könnte. Welches Ziel *Beneš* verfolgte, sagte *Ripka,* ein führender tschechischer Sozialist, auf einer Londoner Versammlung seiner Partei: „Der Herr Präsident vermutete, daß die einheitliche Linke aus drei sozialistischen Parteien gebildet würde und daß die Kommunisten von ihr aufgesogen werden könnten — wir hätten zum Vorteil der Sozialdemokraten geopfert werden sollen.“ [6])

Der Wunsch, das Parteileben zu vereinfachen, war ein allgemeines Phänomen. Auch die Führer der tschechischen Sozialisten waren für eine sozialistische Einheitspartei. „Wir sind für eine sozialistische Partei, wenn es eine demokratische Partei mit der *Masaryk*'schen Auffassung vom Sozialismus sein wird“, erklärte z. B. *Ripka* in London.

Drtina, ein weiterer Repräsentant der tschechischen Sozialisten, erinnerte 1946 nach den Wahlen wieder an seine Äußerungen aus der Londoner Emigrationszeit:

... ich war der Meinung, daß keine Partei nach dem Krieg – auch unsere Partei nicht – in der bisherigen Form, so wie ihre Wurzeln bis ins alte Österreich-Ungarn zurückreichten, wiederhergestellt werden sollte. Ich vermutete, es solle eine neue, große, einheitliche demokratische, sozialistische Partei geschaffen werden; ich selbst habe auch zielbewußt diese Idee im Ausland verfolgt.[7])

Der Ruf nach einer einheitlichen sozialistischen Partei erscholl auch aus dem Lager der Sozialdemokratie. *Laušman* sagte im April 1945 in Kaschau:

Es muß unser Ziel sein, eine Einheitspartei zu begründen. Bereits in England haben wir uns vor einigen Jahren sehr ernst mit dieser Sache beschäftigt... Wir haben uns gesagt, daß die Sozialdemokratie als Partei im wesentlichen bereits ihre geschichtliche Mission erfüllt habe und daß es kaum möglich sein werde, sie wiederum für immer zu konstituieren.[8])

Das waren Tendenzen einer allgemeinen Entwicklung nach links; die Bildung der antifaschistischen Allianz im Lande selbst und außerhalb seiner Grenzen — Illusionen und taktische Momente spielten eine nicht unwichtige Rolle. *Beneš's* Idee von einer einheitlichen sozialistischen Linkspartei fand jedoch nicht einmal die notwendige Billigung im eigenen Lager. Die Kommunisten lehnten ebenfalls die Projekte einer gemeinsamen Partei ab. Im Unterschied zu *Beneš* betrachteten sie nicht die Gründung einer linken Einheitspartei als dringlichstes Problem, sondern die Schaffung einer „Volkseinheit" zum Kampf für die nationale Befreiung. Als Plattform diente ihnen ein Minimalprogramm: die Niederwerfung der Okkupanten und die Wiederherstellung der Republik als volksdemokratischen Staat; erst im Prozeß der Entfaltung der nationalen demokratischen Revolution sollten die Bedingungen für die organische Einheit der sozialistischen Bewegung, für die Schaffung einer sozialistischen Einheitspartei heranreifen. Das war das Konzept *Gottwalds* auf der Sitzung der drei tschechischen sozialistischen Parteien in Košice am 13. April 1945.[9])

In der Slowakei fusionierten die Sozialdemokratie und die Kommunistische Partei schon während des Krieges. Hier waren die Bestrebungen zur Einheit besonders stark im Zusammenhang mit den Vorbereitungen zum Slowakischen Nationalaufstand — der Vereinigungsparteitag fand am 17. September 1944 in Neusohl (Bánská Bystrica) statt.

Eine der Ursachen für die Loslösung der slowakischen Sozialdemokraten von ihrer ehemaligen Partei war der Zusammenbruch der Ideologie des „Tschechoslowakismus". Noch im Dezember 1943 lehnte es *Beneš* in Moskau ab, die nationale Eigenständigkeit der Slowaken anzuerkennen. Kaum ein Jahr später — im November 1944 — war er gezwungen, einen neuen Standpunkt einzunehmen. In einer Niederschrift, die er einer Delegation des Slowakischen Nationalrats überreichte, die mit ihm über die Stellung der Slowaken in der neuen Tschechoslowakei verhandelte, führte er u. a. aus:

Wenn es in der Slowakei einen großen Teil oder eine Mehrheit der Bevölkerung gibt, die sich ausschließlich als Slowaken fühlt und wenn diese Mehrheit diese Bevölkerung ‚slowakisches Volk' nennt, muß das als Tatsache einfach anerkannt werden: es hat keinen Sinn, einen Streit um die Terminologie der slowakischen oder tschechoslowakischen Nation zu führen. Ich respektiere einfach Tatsachen und fordere, daß in diesen Dingen in der Republik volle Toleranz herrsche. Ich übe diese Toleranz bedingungslos und werde sie auch in Zukunft einhalten.[10])

Wollte *Beneš* als Präsident die Wiedererrichtung des einheitlichen tschechoslowakischen Staates erreichen, mußte er die Forderung der Slowaken nach nationaler Souveränität erfüllen; innerlich blieb er jedoch bis zu seinem Tode überzeugter Vertreter des „Tschechoslowakismus", einer einheitlichen tschechoslowakischen Nation.
Ein erhebliches Interesse an der Bildung der Nationalen Front in der Tschechoslowakei, vor allem an einem Übereinkommen der Kommunisten mit *Beneš*, hatte *Stalin*. Die Nationale Front bildete die gemeinsame programmatische Plattform politisch und strukturell unterschiedlicher Widerstandströmungen mit oft gegensätzlichen Zielen. *G. Husák*, der an den Märzverhandlungen in Moskau teilgenommen hatte, schreibt in seinem Buch, daß *Gottwald* am 23. Januar 1945 mit *Stalin* sogar zusammengetroffen sei — also in einer Zeit, als die Kommunisten in Moskau bereits ihr Programm mit *Beneš* und dessen Mitarbeitern vorbereiteten — und fügt hinzu:

... wie ich es damals in Moskau gehört hatte, gab er (Stalin – R. K.) jedoch den Rat, auch mit Beneš zu rechnen, sich mit ihm zu einigen, ihn als Präsidenten zu akzeptieren. Nach den Komplikationen um die polnische Frage, wo der Bruch mit der polnischen Exilregierung in London äußerst negativ das gemeinsame Vorgehen mit den westlichen Verbündeten beeinflußt hatte, wollte Stalin ähnlichen Problemen und Komplikationen mit Beneš und dessen Regierung um so mehr aus dem Wege gehen, als dies die einzige Exilregierung war, die einen Bündnispakt mit der UdSSR abgeschlossen hatte. Mit Beneš war es nötig, um so mehr zu einem Übereinkommen zu gelangen, weil diese Einigung – im Unterschied zu der polnischen Situation – doch möglich war.[11])

Weitere Verhandlungen zwischen *Beneš* und den Kommunisten sowie anderen Gruppen des antifaschistischen Widerstands über die künftige Entwicklung in der Tschechoslowakei wurden vom 22. bis 29. März 1945 in Moskau geführt. Aus diesen Unterredungen und ihrer Fortsetzung Anfang April 1945 in Kaschau resultierte dann das Programm für die erste Etappe des Aufbaus der befreiten Tschechoslowakei (Das Kaschauer Regierungsprogramm). Die Kommunisten erblickten in diesem Programm den Kern zu einer den Sozialismus öffnenden Volksdemokratie.

In der ersten, nach dem Paritätsprinzip zusammengesetzten Regierung hatten Kommunisten und linke Sozialdemokraten die entscheidenden Einflußpositionen inne. Ministerpräsident war *Fierlinger* (Soz.-Dem.), Innenminister *Nosek* (KP); die Ressorts bekleideten: Industrie *Laušman* (Soz.-Dem.), Landwirtschaft *Ďuriš* (KP), Information *Kopecký* (KP). Staatssekretär im Außenministerium wurde *Vlado Clementis* (KP). Im Regierungspräsidium, einem Koordinierungsorgan, saßen zwei Kommunisten: *Gottwald* für die tschechischen, *Široký* für die slowakischen Kommunisten.[12])

Als Antwort auf den Vorwurf, sie seien zu großen Konzessionen gegenüber den Kommunisten in Moskau und in Kaschau bereit gewesen, schreibt *Petr Zenkl*, der ehemalige Vorsitzende der tschechischen sozialistischen Partei, im Exil 1958:

Dr. Beneš und seine Berater hatten nur eine kritische Wahl: entweder nach London mit der Hoffnung zurückkehren, das Weltgewissen würde geweckt werden, und so die Tschechoslowakei den Sowjets und den Anhängern Gottwalds und Fierlingers auf Gnade oder Ungnade auszuliefern – oder aber (für eine gewisse Zeit) nachgeben, in der Hoffnung, daß es den mächtigen demokratischen Kräften in der Tschechoslowakei nach Beendigung des Krieges in Europa und Asien mit Hilfe der westlichen Freunde und Verbündeten gelingen werde, das Diktat von Moskau zu reparieren, die Tschechoslowakei im Sinne einer wahren Demokratie und in Übereinstimmung mit dem frei geäußerten Willen der Nation umzuorganisieren. Die erste Möglichkeit – die Rückkehr nach London – hätte der Westen wohl ungünstig ausgelegt. Und dem tschechoslowakischen Volk wäre dies unsinnig, wenn nicht hochverräterisch vorgekommen.[13])

Der tschechische Historiker *Jaroslav Opat* behauptet[14]), daß die nichtkommunistischen Politiker im Jahre 1944—45 andere Ansichten vertreten und anders gehandelt hätten, als dies *Zenkl* nachträglich angibt. Es ist offensichtlich, daß die tschechoslowakischen bürgerlichen Politiker vor allem unter dem Druck der Situation handelten, daß sich die Sowjetarmee auf dem Vormarsch nach Mitteleuropa befand und höchstwahrscheinlich die ganze Tschechoslowakei befreien würde, und unter dem Zwang der prosowjetischen Stimmungen in der Heimat. Sie hatten aber auch, wie viele bedeutende Politiker im Westen, Illusionen über Veränderungen in der UdSSR und über *Stalin* selbst, und glaubten, daß sich durch die Kriegserfolge seine Ansichten ändern würden.

2. Die Tschechoslowakei als Brücke zwischen Ost und West

Die Tschechoslowakei reagierte empfindlich auf Veränderungen in der Zusammenarbeit zwischen Ost und West. Die Gründe dafür waren in der geographischen Mittellage, in den traditionellen politischen, wirtschaftlichen und kulturellen Bindungen an Westeuropa und den nationalen Erfahrungen zu suchen. Viele Politiker gaben sich einem gewissen Zweckoptimismus hin. Sie glaubten an eine langfristige Zusammenarbeit der Mächte der Anti-Hitler-Koalition. Als besondere Aufgabe der tschechoslowakischen Außenpolitik sahen sie die Festigung dieser Zusammenarbeit an. Aus dieser fast missionarischen Einstellung entsproß jene Idee von einer Tchechoslowakei als Brücke zwischen Ost und West.

Besonders bei *Beneš* und bei Politikern aus seinem Kreise ist dieses außenpolitische Konzept während und nach dem Kriege erkennbar: „Wir liegen in der Mitte. Die angelsächsische Welt und die Sowjetunion dürfen nicht aneinander geraten. Dies ist unsere Aufgabe und ich halte dies für meine Aufgabe . . .“[15])

Diese Auffassung wurzelt im Glauben, daß sich „beide Welten“ ändern und daß sie sich politisch und sozial-ökonomisch näher kommen. Von dieser Position aus ist es gedanklich nicht weit zu der Vorstellung, daß das tschechoslowakische Regime eben die Synthese des sowjetischen Sozialismus und der westlichen Demokratie sein könnte. Für die tschechoslowakische Gesellschaft schuf jedoch das Verhältnis zwischen Osten und Westen Probleme der außenpolitischen, wirtschaftlichen und kulturellen Orientierung. In der Außenpolitik waren sich alle politischen Strömungen darin einig, daß es unumgänglich sei, sich auf „die Sowjetunion und die slawischen Völker“ zu orientieren. Nach den Erfahrungen mit München 1938 schien diese Orientierung für die Mehrheit des Volkes die einzige Möglichkeit, das Land „vor der Aggressivität des deutschen Imperialismus zu bewahren“. Einigkeit bestand darin, daß zu den westlichen Staaten freundschaftliche Beziehungen fortbestehen sollten. Unterschiedlich waren nur die Vorstellungen von dem Ausmaß, der Wichtigkeit und der Funktion dieser Beziehungen. Die tschechischen Sozialisten, die Volkspartei und Präsident Beneš faßten sie als eine Art Gegengewicht zur Anlehnung an die Sowjetunion auf, als Voraussetzung für das „innere Gleichgewicht der Kräfte“. Die Kommunisten gaben hingegen den Vorrang einer Zusammenarbeit mit der Sowjetunion — hielten jedoch auch die Beziehungen mit dem Westen für notwendig. Die Sozialdemokraten vertraten die Ansicht, das Bündnis mit der UdSSR und die Zusammenarbeit mit den westeuropäischen Staaten, in denen die Sozialisten einen bedeutenden Einfluß hatten, müsse die tschechoslowakische Politik bestimmen. Als komplizierter sollte sich die wirtschaftliche Orientierung erweisen. Die tschechoslowakische Wirtschaft war in der Vergangenheit eng mit Westeuropa verknüpft. Der Krieg hatte die bisherigen Bande zerrissen; nach dem Krieg waren die unterbrochenen Beziehungen wieder angeknüpft worden — gleichzeitig hatten sich jedoch Beziehungen zu Osteuropa, insbesondere zur Sowjetunion, entwickelt. Man ging davon aus, die tschechoslowakische Wirtschaft werde Beziehungen zu ganz Europa und zur übrigen Welt herstellen, um sich in den westeuropäischen Staaten Rohstoffe und Maschinen und im Osten einen vorteilhaften Markt zu sichern, und auf diesem Wege in beträchtlichem Maß „das geschlagene Deutschland zu ersetzen“. Diese Vorstellung entsprach „der idealen Form der Zusammenarbeit“ und kalkulierte mit einer langfristigen wirtschaftlichen Leistungsunfähigkeit Deutschlands.

Höchst delikat waren die Probleme der kulturellen Orientierung. In ausführlichen Diskussionen wurden Befürchtungen eines Teils der Intellektuellen laut, es könne zu einer einseitigen Hinwendung zur russischen Kultur und damit zu einer Abkehr vom Westen kommen, unter dessen Einfluß sich die tschechische und slowakische Kultur entwickelt hatten. Hier bemühte man sich, eine einseitige politische Festlegung im kulturellen Bereich von vornherein auszuschalten. Es herrschte die Ansicht vor, die tschechoslowakische Gesellschaft könne sich die bedeutenden Leistungen westlicher und östlicher Kultur aneignen und in diesem Rahmen eine eigene Kultur schaffen.

Zdeněk Nejedlý (Universitätsprofessor, Historiker und langjähriger kommunistischer Erziehungsminister), der in den fünfziger Jahren zu den wichtigsten Repräsentanten der Sowjetisierung auf dem Gebiet des tschechoslowakischen Schulwesens und der Kultur gehörte, vertrat damals folgenden Standpunkt:

Aber hier wird diese Frage oft in einem anderen Sinn gestellt, so, als ob wir heute auf einmal nur die östliche Kultur, sagen wir konkret die russische Kultur, aufnähmen und die westliche, die französische und englische Kultur ablehnten. So kann diese Marschroute nicht verstanden werden und so wird sie sicher auch nicht verstanden. Schon daher nicht, weil in der Sowjetunion gerade die größte Tendenz vorherrscht, sich die westliche Kultur anzueignen. Darin besteht doch die grundsätzliche Idee Lenins, denn Rußland war deshalb zurückgeblieben, weil es nicht den ganzen Fortschritt Westeuropas mitgemacht hatte.[16])

Allgemein nahm das Interesse an russischer Kultur zu. Russische und sowjetische Theaterstücke wurden von den tschechoslowakischen Bühnen in das Repertoire aufgenommen, sowjetische Filme wiesen steigende Besucherzahlen auf, eine Vorliebe für russische Bücher war unverkennbar, in der Religion betonte man den Kult Cyrills und Methodius's, aus der nationalen Geschichte akzentuierte man das Slawentum. Obwohl diese Welle vorherrschend war, wurde sie insgesamt durch das Interesse an westlicher Kultur ausgeglichen.

Das Verhältnis zum Westen wie zum Osten war geprägt von einem traditionellen Element der tschechischen Politik: Die Tschechoslowakei liegt nicht nur zwischen Westen und Osten, sondern vor allem zwischen Rußland und Deutschland. Dieses Prinzip *Beneš's* ergab sich zum einen aus der geographischen Lage der Tschechoslowakei und der unmittelbaren Nachkriegssituation, zum andern aus den gesammelten Erfahrungen des tschechischen Volkes mit dem deutschen Nachbarn. Als weitaus wichtiger erwies sich jedoch der Ost-West-Konflikt, der immer deutlicher

den Ablauf der Ereignisse in der Welt, die politische Gestalt Europas und die Entwicklung in Deutschland selbst zu bestimmen begann.
Wie wurde die politische Orientierung der Tschechoslowakei auf das Bündnis mit der Sowjetunion von der tschechoslowakischen Bevölkerung bewertet? Bei den verschiedenen Gruppen der Gesellschaft — dem Kleinbürgertum, der Intelligenz und der Arbeiterklasse — wurde vor allem die Frage gestellt, ob diese Entscheidung die Verwirklichung des sowjetischen Modells in der Innenpolitik der Tschechoslowakei bedeute. Die meisten Politiker betonten, die revolutionären Nachkriegsveränderungen seien von der Existenz der Sowjetunion beeinflußt worden; das Bestreben, sich ihr auch in der inneren sozialen Struktur des Staates anzunähern, war evident. Es herrschte jedoch die Überzeugung vor, daß sich die Sowjetunion nicht in die inneren Angelegenheiten einmischen werde und daß in eigener Sache das Volk und seine Regierung entscheiden würden. Dafür einige Beispiele:

Dr. Beneš: „Wir sind Slawen und sind Nachbarn der Sowjetunion, eines vorwiegend slawischen Staaten. Es ist natürlich, daß ihre sozialistische Struktur Einfluß auf uns hat.“ [17])

J. L. Fischer (Universitätsprofessor, parteilos): „Es kann nicht bezweifelt werden, daß es bei uns ohne den Sieg Sowjetrußlands, bzw. ohne die Tatsache, daß ein Großteil des Gebietes unserer Republik von der Roten Armee befreit wurde, kaum zu derartig durchgreifenden Eingriffen gekommen wäre.“ [18])

J. Slavík (Universitätsprofessor, tschechischer Sozialist): „Heute haben sich die Verhältnisse von Grund aus verändert. Alle slawischen Völker sind sich mit ihrer sozialen Struktur näher gekommen.“ [19])

J. Heidenreich-Dolanský (Unversitätsprofessor, Soz. Dem.): „Unser heutiges Problem besteht darin, wie so schnell, wie so organisiert wie möglich und ohne Verlust an nationaler Individualität in die östliche Welt hineinzuwachsen, wie mit ihr so vollkommen wie nur möglich im Geiste und in der Wahrheit unser aufrichtiges und natürliches Bündnis herzustellen ist ...“[20])

F. Peroutka (Journalist, parteilos): „Sicherlich bewirkt das Bündnis mit der Sowjetunion, daß bei uns der Sozialismus stärker wird. Aber letzten Endes kann im Sozialismus nicht allein der russische Einfluß gesehen werden, sondern auch ein richtig erwogenes Bedürfnis. Wir könnten sozialistisch sein, auch wenn es auf der Welt überhaupt keine Russen gäbe." [21])

J. Šrámek (Vorsitzender der Volkspartei): „Wir haben mit der Sowjetunion einen Vertrag; in Moskau gewann ich die Überzeugung, daß uns von seiten der Sowjetregierung nicht die geringste Gefahr droht, soweit es um unsere Souveränität geht." [22])

Ähnlich drückte sich im Kabinett auch *Z. Fierlinger* (Soz. Dem.) aus: „Die Sowjetunion hat die Schrecken des Krieges mitgemacht und wünscht aufrichtig den Frieden; sie will keinen Konflikt mit dem Westen. Sie will ihren Weg den Völkern nicht aufdrängen, die ihren eigenen Weg zur Volksdemokratie gehen können." [23])

Ähnliche Gedanken brachten *H. Ripka, V. Šrobár* und andere zum Ausdruck.

Bei der Bewertung der internationalen Beziehungen war man im wesentlichen optimistisch; es gab jedoch auch skeptische Stimmen. Großmachtrivalität und ideologische Differenzen zwischen den Vereinigten Staaten und der Sowjetunion erweckten Befürchtungen um die künftige Entwicklung Europas und der Tschechoslowakei.

Die Revolution von 1945 war der Höhepunkt des tschechischen und slowakischen demokratischen Nationalismus. Er beherrschte alle Schichten der Bevölkerung, alle politischen Parteien und gesellschaftlichen Organisationen. Er wurde zum Charakteristikum der Nachkriegszeit. Es handelte sich dabei um einen Nationalismus, in dem sich verschiedene Strömungen und Richtungen vereinigten. Er hatte stark patriotisch-schöpferische Züge, die im Bestreben, die Nation zu wahren und zu entfalten, und in der Sorge, der Tschechoslowakei einen Platz in der Welt zu verschaffen, ihren Ausdruck fanden. Er wirkte als Bindeglied der Revolution. Er trug dabei zu, soziale Unterschiede und politische Differenzen zu überbrücken; er bewirkte eine Annäherung der politischen Parteien. Der Nationalismus trat jedoch auch in Form eines nationalen Sentiments, eines „Legionär-Romantismus" auf. Er wirkte daher als Element der Konsolidierung der Gesellschaft, als Produkt der Befreiung und der Revolution — aber auch als deren Voraussetzung und positive Kraft. Diese Tatsache zeugt von den unausgeschöpften Möglichkeiten des Nationalismus einer kleinen, bedrohten Nation und von seiner Fähigkeit, in eine Revolution mit einem Programm tiefer sozialer und politischer Umwälzungen hinüberzuwachsen. Innerlich richtete sich der Stoßkeil des Nationalismus vor allem gegen die Deutschen und die Magyaren. Das Münchner Abkommen und der Zweite Weltkrieg waren die Ursache dafür, daß die unerbittliche Forderung nach Aussiedlung der Deutschen erhoben wurde.[24])

In der Frage der Ungarn herrschte jedoch eine derartige Einmütigkeit keineswegs vor. Die Idealisierung alles Nationalen trat in den Vordergrund. Nach außen hin erschien der demokratische Nationalismus als Idee, die Tschechoslowakei stünde wie zu *Hussens* Zeiten an der Spitze des sozialen Fortschritts, so daß ihr eine bedeutende Rolle im Schicksal Europas beschieden sei.

Beneš's außenpolitisches Konzept war es, zwei Tendenzen in der tschechoslowakischen Politik — die prowestliche und die prosowjetische — zu einem „Mittelweg", zu einer Art Brücke zwischen West und Ost, miteinander zu verknüpfen. Kennzeichnend dafür ist die lapidare Bemerkung: „Und so ist unser Problem, das in der Frage: Westen oder Osten? enthalten ist, bewußt und klar beantwortet: Westen und Osten." [25])

Beneš's Ausgangspunkt ist die Vorstellung von einer idealen Nachkriegswelt, in der die Zusammenarbeit der Mächte der Anti-Hitler-Koalition gegen Deutschland schlechthin Maßstab werde. Gerade in der Frage Deutschlands unterlagen die tschechoslowakischen Politiker während des Krieges gewissen Illusionen, anscheinend von der Absicht Roosevelts gespeist, das geschlagene Deutschland zu zerstückeln (Morgenthau-Plan u. a.). — *Roosevelt* hatte den amerikanischen Plan *Beneš's* während dessen Aufenthalt in Washington im Mai 1943 mitgeteilt; und durch *Stalins* Vorstellung, die deutsche Arbeiterklasse habe sich ihre revolutionäre Entschlossenheit bewahrt und werde in einem Nachkriegsdeutschland, in dem durch Übereinkunft der Mächte der Einfluß der Monopole und alten reaktionären Kräfte neutralisiert würde, freie Bahn für revolutionäre Veränderungen haben. Die Entwicklung in Deutschland bewegte sich jedoch in anderer Richtung als erwartet — und dies zeigte sich bereits 1946. Die Politik „der Brücke“, des Mittelweges, verlor an Realismus. Einige tschechoslowakische Politiker begannen, sich dieser Tatsache bewußt zu werden, z. B. *Jan Masaryk.* „Die Tschechoslowakei liegt nicht zwischen Westen und Osten, sondern zwischen Deutschland und der Sowjetunion, und da ist es klar, welcher Seite sich die Tschechoslowakei im Falle eines neuen militärischen Konfliktes zuneigen würde.“ So reagierte *Jan Masaryk* auf die neue Entwicklung in Europa.

3. Überlegungen über Art und Form der gesellschaftlichen Organisation

Als *Beneš* am 15. Dezember 1945 zum Ehrendoktor der Karls-Universität ernannt wurde, hielt er einen Vortrag, in dem er sich vorwiegend mit den Perspektiven der Entwicklung der Nachkriegswelt, vor allem Europas und der Tschechoslowakei auseinandersetzte. Eingedenk der Erfahrungen mit den bürgerlich-demokratischen Regimen zwischen beiden Weltkriegen führte er aus, eine der wesentlichen Aufgaben der Nachkriegsentwicklung in der Welt sei „... *die Neugestaltung, der Umbau, die Umwälzung der Vorkriegsdemokratie selbst zur neuen Nachkriegsdemokratie.* Die Vorkriegsdemokratie hat viele Mängel aufzuweisen gehabt und hat in vielen Ländern wesentlich die Machtübernahme der totalitären Diktaturen mitverschuldet. Sie muß sich reformieren und voll neu gestalten ..." [26])

Im weiteren forderte *Beneš* jedoch die Respektierung „aller geistigen und sittlichen Werte" der Republik zu der Zeit bis 1938. *Beneš* war der Vertreter einer radikalen Reformkonzeption für die Nachkriegstschechoslowakei; er war der Befürworter einer langfristigen Zusammenarbeit des hitlerfeindlichen Bürgertums mit kommunistischen und sozialistischen Kräften überhaupt im nationalen und internationalen Maßstab. Er wünschte sich auch die Zusammenarbeit mit der Sowjetunion bei vollständiger Respektierung der nationalen und staatlichen Souveränität. *Beneš* verhehlte dabei jedoch nie, daß er ein Gegner des Marxismus und der kommunistischen Pläne einer Weiterentwicklung der Revolution sei, da dies notwendig zu einer weiteren Schwächung der Position der Bourgeoisie und zur Stärkung der Macht der Kommunisten führen mußte. Wie sehr sich die nichtkommunistischen Politiker auf *Beneš* verließen, zeigt u. a. *Ripka* in seinem Buch, das er 1948 im Exil schrieb. Am 25. Oktober 1945 hatte *Ripka* in Paris ein Gespräch mit dem damaligen französischen Ministerpräsidenten *de Gaulle. De Gaulle* befürchtete, die Kommunisten könnten in der Tschechoslowakei siegen und drückte seine Bereitwilligkeit aus, den Kampf gegen sie zu unterstützen. „Ich versuchte seine Bedenken zu zerstreuen“, so schrieb er. Mit *de Gaulle* kam er zu der Überzeugung, daß die große Hoffnung im Kampf gegen den Kommunismus Präsident *Beneš* sei.[27])

Auf die Frage, wie am besten die nationale und staatliche Souveränität zu gewährleisten sei, wie eine Wiederholung der nationalen Katastrophe abgewehrt werden könne, gab es in böhmischen Landen eine vorherrschende Antwort: durch den Sozialismus. Drei politische Parteien in Böhmen und Mähren, jede auf ihre Weise, entwarfen ein Programm für den Aufbau einer sozialistischen Gesellschaft. Die Hauptelemente des tschechischen Sozialismus waren: Demokratie, Nationalismus, Sozialismus. Die Sozialdemokraten gingen vom wissenschaftlichen Sozialismus aus, sie unternahmen den ersten Versuch, ihn für die Bedingungen der Tschechoslowakei zu entwickeln. Die Kommunisten vertraten die marxistisch-leninistische Konzeption des Sozialismus — aber in dieser Periode betonten sie, daß sich die Revolution erst in ihrer nationalen und demokratischen und nicht etwa sozialistischen Phase befinde. Auch die Gewerkschaften, die Widerstandsorganisationen und der Tschechische Jugendverband bekannten sich zum Aufbau einer sozialistischen Ordnung. Ebenso sahen die protestantischen Kirchen und die Tschechoslowakische Bruderkirche im Sozialismus eine Verwirklichung christlicher Ideale. In der Reihe der Kulturschaffenden und deren Organisationen stieß man auf starke Bestrebungen für eine Demokratisierung und Sozialisierung der Kultur. Ähnliche Tendenzen wirkten auch unter den Wissenschaftlern.

Die einzige politische Partei in den tschechischen Ländern, die sich in ihrem Programm offen als nichtsozialistisch erklärte, war die Volkspartei. Dasselbe Konzept vertraten die Katholische Kirche, die Sportorganisation Orel und die der Volkspartei nahestehenden Organisationen — kurz: der tschechische Katholizismus. Seine Beziehungen zum Sozialismus waren jedoch komplizierter; als Idee war er für die Sozialisten unannehmbar — in der Praxis gab es jedoch Berührungspunkte.

Soziale Reformen sind notwendig. Die Päpste appellierten in ihren Enzykliken immer wieder an das Gewissen der führenden Schichten und verlangten dringlich, daß eine gerechte Korrektur vorgenommen werde, andernfalls sich die Schichten, denen Unrecht angetan wird, sich ihr Recht selbst erkämpfen würden und es zu bösen Revolutionen käme... Aber die es anging, wollten nicht hören. Die Strafe ist eingetreten. In revolutionären Kämpfen haben die, denen früher Unrecht getan worden war, sich oft auch das angeeignet, was ihnen nicht gehörte.[28])

In den böhmischen Ländern (in der Slowakei war dies — wie die Parlamentswahlen vom Mai 1946 zeigten — durchaus nicht so eindeutig) bekannte sich die überwiegende Mehrheit des Volkes zum Sozialismus und akzeptierte die in seinem Namen verwirklichten Veränderungen. Mit dem Sozialismus verknüpften die Bürger der Tschechoslowakei die Hoffnung auf Lösung der sozialen Fragen, sie betrachteten ihn als wirksamstes Instrument zur Gewährleistung ihrer nationalen Freiheit. Die Mehrheit der Nation wurde von der Arbeiterklasse und den differenzierten Mittelschichten gebildet. Die Vorstellungen vom Sozialismus waren daher auch recht unterschiedlich. Keine Richtung präsentierte ein ausgearbeitetes Modell eines tschechoslowakischen Sozialismus. Es existierte eine breite Skala von Ansichten — von der Applikation des sowjetischen Modells bis zum christlichen, ethischen Verständnis des Sozialismus. Hier einige Ansichten, einige Ideen darüber, was in der damaligen Gesellschaft unter dem Begriff „Sozialismus" verstanden wurde:

„Die einen sagten ‚verstaatlichen', die andern waren gegen die Ausbeutung, die dritten, es möge uns besser gehen usw. Der Sozialismus ist die Organisation der menschlichen Gesellschaft, die zielbewußt um die bestmögliche und möglichst gerechte Befriedigung der menschlichen Bedürfnisse und gleichzeitig um einen besseren und sozialeren Menschen Sorge trägt." [29])

Ein Ideologe des christlichen Reformismus: „In der sozialistischen Gesellschaft wird das Individuum ein bloßes Instrument zur Erreichung des Ziels der Gesellschaft sein. Der Sozialismus hält das Privateigentum für schlecht und will es daher abschaffen und durch Kollektiveigentum ersetzen." [30])

J. Stránský, Minister – tschechischer Sozialist: „Zum Sozialismus muß erzogen werden. Richtig begriffene Nationalität, nationales Fühlen, sollen zu einem richtig begriffenen Sozialismus führen.“ [31])

J. David, Parlamentspräsident – tschechischer Sozialist: „Wir, denen es durch Masaryks Tradition gegeben ist, können gar keinen anderen Weg gehen. In der Welt siegt der Gedanke der Synthese von Sozialismus und Nationalismus.“ [32])

J. Síla, Funktionär der Revolutionären Gewerkschaftsbewegung – ROH –, spricht von einem tschechischen wissenschaftlichen Sozialismus, der unserem Boden entspringt und „... die allgemeinen Prinzipien des wissenschaftlichen Sozialismus auf unsere besonderen tschechischen Verhältnisse zu applizieren und seine Ziele durch einen eigenen, besonderen, tschechischen Weg zu erreichen imstande ist“.[33])

Die Armeezeitung Obrana lidu: „Wir haben unser Land neuen wirtschaftlichen und sozialen Strömungen geöffnet – aber vergessen wir auch nicht die bewährten Vorbilder aus der eigenen Vergangenheit!“ [34])

Der kommunistische Dichter *S. K. Neumann* in einem Beitrag über die Linie der wiederbegründeten Zeitschrift Tvorba: „In Wirklichkeit haben wir nur eine hie und da veränderte Einstellung zu einigen Erscheinungen der Gegenwart, wertvolle und große Vorteile im alten Kampf vor uns – aber an den Grundsätzen unserer Zeitschrift, an ihrem Programm und an ihren Aufgaben können wir noch nichts ändern. Unsere leninistisch-stalinistische Elastizität erheischt es wohl, hie und da eine etwas andere Sprache zu führen als vor sieben Jahren, aber unsere leninistisch-stalinistischen Grundsätze bestehen auch mit dieser Flexibilität weiter wie ein Fels aus Granit.“ [35])

Kulturschaffende, z. B. *V. Černý* – Unversitätsprofessor: „Daß der Sozialismus eine ungemein nuancierte Wissenschaft sei? Daß er eine unendlich schwere Verstandesmethodik darstelle? Daß er Formeln, Marschrouten und ein für allemal fertige Schlagwörter hasse? Wir sind die Heimat, in der durch unser Dazutun neue Formen des Lebens gefunden werden sollen. Wir sind das glückliche Land großartigen Suchens. In unserem Lande ist es gestattet, frei zu suchen wie in keinem anderen Land unter der Sonne, weil bei uns gesucht werden muß. Und es muß gesucht werden, weil gefunden werden muß.“ [36])

„... unsere Revisionisten lenken durch ihre Warnungen (im wesentlichen richtige Warnungen) vor einer forcierten Übertragung der russischen Erfahrungen auf uns die Aufmerksamkeit *vom Ziel* der gegenwärtigen Entwicklung ab. Das Ziel ist in beiden Fällen der Sozialismus, die Wege zu ihm sind jedoch verschieden. Die Revisionisten würden gern ihren Weg bei der Volksdemokratie beschließen – ein wahrer

Marxist weiß hingegen, daß die Volksdemokratie keineswegs die letzte Station auf dem Wege zum Sozialismus ist." [37])

Die angeführten Ansichten über den Sozialismus bewiesen die Unterschiedlichkeit der Vorstellungen vom Sozialismus in der damaligen tschechoslowakischen Gesellschaft. Trotz dieser breiten Skala von Ansichten, in der sich die Vielschichtigkeit der tschechoslowakischen Gesellschaff widerspiegelte, die Kompliziertheit ihrer sozialen Struktur, ihres politischen, religiösen und kulturellen Denkens, herrschten zwei Elemente in den Überlegungen zum Sozialismus vor: die Forderung, er solle demokratisch und tschechoslowakisch sein.
Für *Beneš* war die Grundlage des Sozialismus eine ins Wirtschaftliche projizierte Demokratie.
Wiederum seien hier einige Stimmen und Ansichten angeführt:

Ein Repräsentant der evangelischen Kirche: „Wir befinden uns inmitten einer großen Aufgabe: das Gesellschafts- und Wirtschaftssystem von Grund auf umzubauen; diese Umformung sollen wir mit demokratischen Mitteln durchführen, im Geiste unserer nationalen Traditionen, unter Beibehaltung der staatsbürgerlichen Freiheiten." [38])

L. Sychrava, Journalist – Volkspartei: „Viele fürchten um die Freiheit im Zeitalter des Sozialismus. Sicherlich muß Sorge getragen werden, daß wir im Kampf gegen die Freiheit von der Sklaverei ... nicht die Freiheit des Denkens bedrohen ..." [39])

K. J. Beneš, Schriftsteller: „Wir sind Zeugen einer noch nie gesehenen machtvollen Erneuerung der Demokratie; auch ein Blinder muß heute sehen, daß Demokratie und Sozialismus bloß zwei Worte für dieselbe Sache sind: die Gesellschaft und ihre soziale Ordnung können nicht konsequent demokratisch sein, wenn sie nicht gleichzeitig sozialistisch sind." [40])

B. Laušman, sozial-demokratischer Minister: „Die Hauptsache ist, daß bei uns im Feuer einer unblutigen, nationalen, politischen, wirtschaftlichen und sozialen Revolution etwas Neues und Besseres zur Welt kommt. Es ist dies die Sehnsucht nach einer breiten Volksdemokratie und nach breitestmöglichen staatsbürgerlichen Freiheiten." [41])

Svobodné noviny, Kulturzeitschrift: „Es wird klarer, daß sich unsere nationale Individualität weniger darin entfalten kann, daß wir etwa ein neues Wirtschaftssystem erfinden, denn der einzige Weg aus dem

B. Lausmann, sozial-demokratischer Minister: „Die Hauptsache ist, Liberalismus ist der Sozialismus, sondern darin, daß wir den Sozialismus mit westlichen politischen Methoden einführen. Für diese Synthese haben wir alle Voraussetzungen." [42])

Eine der vornehmsten Forderungen war, der Sozialismus solle in der Tschechoslowakei aus eigenen Wurzeln hervorgehen, er solle den Bedingungen der Gesellschaft, ihrer Entwicklung und ihrem Denken entsprechen und dabei auch die sowjetischen Erfahrungen respektieren.

4. Nationalisierung und Bodenreform

Die Nationalisierung von Industrie, Banken und Versicherungsanstalten gehörte zu den bedeutendsten Maßnahmen der nationalen und demokratischen Revolution. Einige tschechoslowakische Autoren werten diesen Akt sogar als entscheidenden Schritt für die weitere Entwicklung der Revolution in Richtung Sozialismus.[43])

Die Nationalisierungsdekrete wurden von der Regierung beschlossen und von *Dr. Beneš* am 24. Oktober 1945 unterzeichnet. Es gab deren vier: das Dekret Nr. 100/45 über die Nationalisierung der Gruben und einiger Industrieunternehmen; das Dekret Nr. 101/45 über die Nationalisierung einiger Unternehmen der Lebensmittelindustrie: das Dekret Nr. 102/45 über die Nationalisierung der Aktienbanken und schließlich das Dekret Nr. 103/45 über die Nationalisierung der privaten Versicherungsanstalten. Gleichzeitig mit den Nationalisierungsdekreten unterschrieb *Beneš* auch das Dekret über die Betriebs- und Unternehmensräte, das weitreichende Rechte der Betriebsräte in nationalisierten und nichtnationalisierten Unternehmen kodifizierte.

Es wurde weitaus mehr verstaatlicht, als sich z. B. die tschechischen Sozialisten oder *Beneš* vorgestellt hatten. Der Vorsitzende der tschechisch-sozialistischen Partei *Dr. Zenkl* sagte dazu am 25. Oktober auf der Sitzung des Vorstandes seiner Partei:

> Es muß festgestellt werden, daß die Verstaatlichungsaktion nicht so ausgefallen ist, wie es sich das Zentralkomitee unserer Partei vorgestellt hatte, d. h. das beschleunigt nur, daß nationalisiert worden wäre, was mit Herrn Präsidenten in den allerersten Besprechungen abgesprochen worden war.[44])

Ripka, einer der fähigsten Politiker der tschechischen Sozialisten, schildert nach dem Februar 1948 im Exil die Kämpfe um die Nationalisierung in der Regierung folgendermaßen:

> Unter diesen Umständen war es für die Kommunisten leicht, ein radikales Programm inklusive Nationalisierung von Industrie, Banken und Versicherungswesen durchzusetzen ... gegen den Block von Kommu-

nisten und Sozialdemokraten waren wir in der Minderheit, wenn wir in irgend einem konkreten Fall einen oppositionellen Standpunkt bezogen. Als Minister für Außenhandel war ich von der Partei mit der Beobachtung von Wirtschaftsfragen, die in der Regierung behandelt wurden, betraut worden. Alle meine Anstrengungen, die Verstaatlichung nur auf die Gruben und die Schlüsselindustrie beschränkt zu halten, waren umsonst. Ich konnte auch nicht durchsetzen, daß bei der Nationalisierung nicht immer dieselbe Formel gebraucht würde. Als ich vorschlug, einige Unternehmen der Leichtindustrie und der Lebensmittelindustrie als Aktiengesellschaften zu konzipieren, in denen die Aktienmehrheit in staatlichen Händen bliebe, lachten mich Kommunisten und Fierlinger aus. Alle Vorschläge, die von nichtkommunistischen Ministern kamen, wurden abgelehnt und als Versuch, den Kapitalismus zu retten, bezeichnet.[45])

Als Folge der Verstaatlichung 1945 arbeiteten in den böhmischen Ländern in nationalisierten Unternehmen 61,2 % aller in der Industrie Beschäftigten; dabei war dieser Prozentsatz in der Schwerindustrie höher als in der Leichtindustrie. In der Slowakei waren es nur 30 %. Die Struktur der tschechoslowakischen Gesamtwirtschaft sah nach der Verstaatlichung so aus:

	Nach Anzahl der Beschäftigten in %	Nach Anteil am Bruttosozialprodukt in %
Nationalisierter Sektor	35,4	50,3
Kapitalistischer Sektor	23,8	24,7
Kleinproduzenten	40,8	25,0 [46])
	100,0	100,0

In der Slowakei herrschte ein Übergewicht der Kleinproduktion und des mittleren privatkapitalistischen Unternehmertums. Das kam in der politischen Entwicklung der Slowakei in der Nachkriegszeit zum Ausdruck.
Was die Produktionskapazität betraf, so entfiel auf die nationalisierte Industrie 70 % der gesamten Industrieproduktion im Staate. Die Kommunisten waren davon überzeugt, daß die natio-

nalisierte Industrie bald ihr Übergewicht in den entscheidenden Kennziffern wie Rentabilität, Arbeitsproduktivität, Entwicklung neuer Technik und Technologie beweisen werde und alles dies in Konkurrenz mit den hochentwickelten kapitalistischen Staaten.
Im Zusammenhang mit den Veränderungen in Europa hing viel davon ab, ob es der Tschechoslowakei gelingen werde, sich in die Weltwirtschaft als Ganzes, in die internationale Arbeitsteilung neu einzugliedern. Bestimmte Nationalisierungsmaßnahmen hatte man z. B. in Frankreich und Italien getroffen. Die tschechoslowakischen Kommunisten wollten in ihrem Ehrgeiz beweisen, daß ein volksdemokratisches Regime in der Lage sei, günstigere Bedingungen für die Entfaltung der Produktivkräfte zu schaffen als der Kapitalismus. Führende Experten auf dem Gebiet der Volkswirtschaft waren sich dessen bewußt, daß allein die Zukunft die Berechtigung dieses historischen Schrittes werde bestätigen können. So schrieb z. B. *Milan Reiman*, der Wirtschaftsberater *Gottwalds*, im Frühjahr 1946:

Die Verstaatlichung der Industrie ist erst der Anfang. Erst wenn die nationalisierte Industrie unter Ausnutzung ihrer gesamten Kapizität produzieren wird, erst wenn unsere gesamte Industrie mit geplanten Aufträgen voll ausgelastet ist, wenn der Binnen- und Außenmarkt unseres Landes mit Qualitätserzeugnissen gesättigt ist, erst dann werden wir endgültig erklären können, daß die tschechoslowakische Industrie und damit auch die tschechoslowakische Volksdemokratie gesiegt haben.[47])

Die tschechoslowakische Landwirtschaft hatte zwischen beiden Weltkriegen ein Niveau erreicht, das noch weit von der Weltspitze entfernt war, das jedoch mit dem der führenden Länder Mittel- und Südosteuropas vergleichbar war. Insbesondere der Westteil der Republik zeichnete sich durch hohe Intensität der landwirtschaftlichen Produktion aus, ein Großteil der Bauern verfügte über gute agrotechnische Kenntnisse und Produktionserfahrungen.
Die technische Ausrüstung der tschechoslowakischen Landwirtschaft war im Vergleich zu vielen europäischen Staaten recht

hoch, was u. a. mit dem wachsenden Ausmaß und steigenden Niveau des landwirtschaftlichen Maschinenbaues zusammenhing. Die besten Ergebnisse erzielten neben einem Teil der mittleren Gehöfte insbesondere die Unternehmen über 20 ha, die über eine verhältnismäßig große Menge von Boden, Kapital, Mechanisationsmittel, billige Arbeitskräfte und organisatorische Produktionserfahrungen verfügten. Vor dem Zweiten Weltkrieg erreichte so die Tschechoslowakei fast die völlige Autarkie in der Versorgung der Bevölkerung mit landwirtschaftlichen Hauptprodukten und obendrein hohe Exportquoten.[48])

In der tschechoslowakischen Landwirtschaft traten natürlich ähnliche Probleme auf wie in anderen europäischen Ländern. Besonderes Gewicht hatte die soziale Frage, die in der ungenügenden Existenzsicherung des Landproletariats und der Kleinproduzenten, in der Preis- und Kreditpolitik, im niedrigen Lohnniveau der landwirtschaftlichen Arbeitskräfte, im Hunger nach Boden, in den ökonomischen Verlusten der landwirtschaftlichen Kleinproduktion, in der Übervölkerung des Dorfes (insbesondere im Ostteil der Republik) ihre Wurzeln besaß. Diese Bedingungen wurden noch kompliziert durch nationale Momente — insbesondere in bezug auf das Eigentum an Boden.

Bis zum Frühjahr 1946, als die erste Etappe der Nachkriegsbodenreform in böhmischen Landen im wesentlichen beendet worden war, wirtschafteten im Grenzgebiet auf konfisziertem Boden im ganzen schon 120 000 neue Landwirte. Zugeteilt hatte man ihnen 889 954 ha landwirtschaftliche Nutzfläche und 47 791 ha Wald und andere Flächen. Im Binnenland erhielten 65 909 begünstigte Bauern insgesamt 99 535 ha vorwiegend landwirtschaftlichen Nutzboden.[49])

Die Neuverteilung des Bodens führte zur Liquidation fast des gesamten deutschen Eigentums an Grund und Boden. Die Aussiedlung der Deutschen und die Ansiedlungsaktion vereinfachte die nationale Problematik des tschechoslowakischen Dorfes, sie löste — mit Ausnahme der Slowakei — im wesentlichen die nationale Spannung (die wirtschaftlichen Konsequenzen der Vertreibung waren jedoch unabsehbar). Die Bodenreform vereinfachte gleichzeitig fühlbar die soziale Struktur des Dorfes. Sie beschränkte das Eigentum der Großgrundbesitzer und der einstigen Empfänger von Restgütern aus landwirtschaftlichem Adelbesitz, sie erweiterte die Agrarbasis des Staatssektors (teilweise Nationalisierung des Bodens) und stärkte damit wesentlich den Sektor der Kleinproduktion, in dem sie das ökonomische Gewicht des mittleren Unternehmens und die politische Bedeutung des Mittelbauers hervorhob.

In der Tschechoslowakei kam es im Vergleich zur Zeit vor München zu grundlegenden Veränderungen. Es entstand ein neues Staats- und Gesellschaftsmodell, das System der Volksdemokratie. Es zeichnete sich durch Machtverschiebungen auf dem Gebiet von Politik und Wirtschaft aus; die Beseitigung des Machtmonopols der Großbourgeoisie und die Errichtung eines Machtblocks unterschiedlicher sozialer Klassen. Diese sozialen Kräfte und ihre politische Repräsentanz bildeten die Mehrheit der Gesellschaft und bestimmten auch die Richtung ihrer Entwicklung. Die verwirklichten Machtveränderungen waren im tschechischen und im slowakischen Teil in bezug auf Gestalt, Tiefe und Ausmaß verschieden; trotz unterschiedlicher Interessen und Ziele gab es in der ersten Nachkriegsetappe ein einigendes Band: beim Wiederaufbau der Republik mitzuwirken.

Das zweite hervorstechende Zeichen der volksdemokratischen Gesellschaft war die Veränderung der Klassen- und Sozialstruktur. Es kam zu einem Nivellisierungsprozeß; die früheren gesellschaftlichen Unterschiede wurden weitgehend abgebaut. Ein Klassifizierungsschema hatte das Fehlen der Gruppe der Angehörigen des Finanzkapitals und der sozial am stärksten unterprivilegierten Bevölkerungsgruppen verdeutlicht. Dieser Prozeß verlief konsequenter in den tschechischen Ländern als in der Slowakei; dort verblieb eine bedeutende Gruppe von Arbeitern und von Personen ohne Landbesitz. Deren soziale Stellung blieb von den Veränderungen weniger betroffen.

Eine zahlenmäßig stärkere Schicht bildete die Arbeiterschaft, unterteilt in verschiedenen Gruppen je nach Produktionszweigen, ökonomischen Sektoren und Größe der Unternehmen. Unterschiede zwischen dem tschechischen und dem slowakischen Teil der Republik waren erneut sichtbar. Die Industriearbeiter bildeten die stärkste und wichtigste Gruppe der Arbeiterschaft.

Die Mittelschichten waren wesentlich differenzierter. In den böhmischen Ländern bildeten die Intelligenz und die Kleinunternehmer (Gewerbetreibende) eine bedeutende Gruppe, in der Slowakei die Bauern, wobei die ärmsten Teile der Bauernschaft Druck auf die Revolution ausübten.

Die dritte Gruppe der Bevölkerung stellte das Bürgertum dar. Es war wohl zahlenmäßig und ökonomisch geschwächt worden, für politische und wirtschaftliche Tätigkeit war ihm jedoch noch genügend Raum verblieben. Nach der Liquidierung des Finanzkapitals setzte sich das Bürgertum aus den Klein- und Mittelbürgern zusammen. Es geriet in Abhängigkeit vom nationalisierten Sektor der Industrie. Unter neuen Bedingungen der volksdemokratischen Gesellschaft konnte es keine leitende Stellung mehr erreichen.

Im System der Volksdemokratie blieben bedeutende soziale Spannungen bestehen. Zahlreiche Gruppen der Schichten, die als Träger der Macht angesprochen wurden, lebten weiter in unerfreulichen wirtschaftlichen Verhältnissen. Diese Kräfte übten Druck aus auf das neue Regime, sie forderten weitere Verstaatlichungen. Die Hebung des Lebensstandards war jedoch abhängig von der Steigerung der Produktion. Der bisherige Weg der Hebung des Lebensniveaus durch den Soziallohn war bald nicht mehr gangbar — der Sozialanteil im Lohn hatte die 25 %-Schwelle überschritten. Eine derartige Orientierung hätte die Rentalibilität der verstaatlichten Industrie bedroht.[50])

5. Die Suche nach Ort und Stellung in Europa und in der Welt

Die Furcht vor dem deutschen Imperialismus und der noch im Bewußtsein haftende Verrat Frankreichs und Englands 1938 führten nahtlos zur außenpolitischen Orientierung auf die Sowjetunion und die slawischen Staaten. Während sich auf politischem Gebiet keine Schwierigkeiten bemerkbar machten, entstanden allerdings Probleme in der Wirtschaft. Die langen traditionellen Beziehungen zur westeuropäischen Wirtschaft sollten geschwächt oder abgebrochen werden — die Tschechoslowakei würde so in einen Verband industriell weniger entwickelter Länder eingereiht, mit den Nachteilen für die tschechoslowakische Wirtschaft und den Übergang zur modernen Industriegesellschaft. Die Aufrechterhaltung der Beziehungen zu allen Ländern wäre das richtige Rezept gewesen. Dies hätte jedoch die Zusammenarbeit zwischen Osten und Westen zur Voraussetzung haben müssen. Die meisten tschechoslowakischen Politiker waren sich dieser Tatsache bewußt — daher wünschten sie und strebten eine Übereinstimmung zwischen Osten und Westen an.

Die ersten Symptome der Veränderung der Tschechoslowakei zur modernen Industriegesellschaft waren bereits in der zweiten Hälfte der dreißiger Jahre sichtbar geworden. Der Krieg hatte diesen Prozeß abgeschwächt. Durch den Wiederaufbau in der Nachkriegszeit war er in den Hintergrund getreten. Vor diesem komplizierten Problem standen alle industriell entwickelten Länder. Seine Lösung erforderte bedeutende Strukturveränderungen der Wirtschaft mit einem deutlichen Akzent auf eine technische Steigerung der Produktion, mit der Orientierung auf moderne Industriezweige und einer Verstärkung des tertiären Bereiches. Gleichzeitig erheischte sie ein System politischer und ökonomischer Leitung, das der Vielschichtigkeit der Industriegesellschaft gerecht würde.

Die Stellung der Tschechoslowakei in diesem Prozeß der europäischen Entwicklung war einigermaßen widersprüchlich. Das

Land gehörte zu den industriell entwickelten Staaten — seiner Industrie fehlten jedoch trotz bedeutend gefächerter Produktion die Grundlagen für moderne Industriezweige: Chemie, Elektrotechnik usw. Nach ihrer pro-Kopf-Produktion gehörte die Tschechoslowakei bei den meisten Produkten zum unteren Bereich der Skala der Industrienationen. Der Grad der Entwicklung von Industrie und Landwirtschaft wies deutliche Unausgeglichenheiten auf, denn die industriell entwickelten böhmischen Länder waren mit dem Agrarland Slowakei verbunden worden, das erst vor seiner Industrialisierung stand. Verfügte die tschechoslowakische Gesellschaft über genug finanzielle, wissenschaftliche, technische und andere Kräfte, um sich selbst zu verändern? Eine derartig große gesellschaftliche Umstrukturierung überstieg sicherlich die Kräfte eines kleinen Staates; sie konnte nur in der Gemeinschaft einiger Länder mit Unterstützung eines entwickelten Staates verwirklicht werden.

Vorherrschend war die Einstellung, die nationalen, ökonomischen, politischen, kulturellen und sozialen Probleme des Landes sollten auf sozialistische Weise oder mindestens im Geiste des Sozialismus gelöst werden — dabei waren Methoden und Anschauungen über den Sozialismus unterschiedlich. Die unteren Schichten der Arbeiterschaft faßten den Sozialismus als eine „soziale Angelegenheit“ auf, als eine Methode für die Lösung der brennendsten Probleme der sozialen Stellung der ärmsten Schichten der Bevölkerung. Die KPČ befand sich in einer zwiespältigen Rolle: sie stützte sich auf diese Schichten und übte mit deren Hilfe politischen Druck z. B. auf die Nationalisierung aus — gleichzeitig trug sie jedoch als herrschende Partei die Verantwortung für die Entwicklung der gesamten Gesellschaft.

Das Verhältnis von Demokratie und Sozialismus war eines der Schlüsselprobleme der volksdemokratischen Gesellschaft. Es ging darum, einen leistungsfähigen Machtmechanismus unter den Bedingungen der Existenz mehrerer Parteien und einer Dreisektorenwirtschaft zu finden. Der Sozialismus in der Tschechoslowakei mußte den Bedürfnissen einer differenzierten Gesellschaft entsprechen, er mußte die politischen Motive und den Weg respektieren, der insbesondere die Mittelschichten dem Sozialismus zugeführt hatte; er mußte die nationalen Hauptaufgaben im Zusammenhang mit der Verwandlung in eine moderne Industriegesellschaft lösen — gleichzeitig jedoch auch die sozialen Forderungen der ärmsten Schichten erfüllen.

In der Tschechoslowakei existierten nach dem Kriege verschiedene sozialistische Strömungen. Welche hatte am besten den Bedürfnissen der gesellschaftlichen Entwicklung entsprechen können? Das monistische Modell, charakterisiert durch die Existenz eines einzigen ökonomischen (des verstaatlichten und kollektivisierten) Sektors und errichtet auf der Grundlage einer Einparteienherrschaft, war in der Sowjetunion verwirklicht worden. Das pluralistische Modell einer sozialistischen Gesellschaft, durch die Existenz mehrerer ökonomischer Sektoren auf der Grundlage eines Mehrparteiensystems gekennzeichnet: die Konturen eines derartigen Modells wurden in der ersten Phase der Nachkriegsentwicklung in der ČSR sichtbar.

In der ČSR wirkten drei sozialistische Hauptströmungen: die christlich-soziale, die marxistische und die von *Masaryk* geprägte Richtung. Das politische Denken aller dieser Ströme war beeinflußt von den Erfahrungen der dreißiger Jahre, von der Weltwirtschaftskrise und dem Faschismus, von München und dem Krieg. In allen Konzepten erschienen neue Momente im Hinblick auf ein ökonomisches und politisches Modell. Die vorliegende Arbeit verzichtet darauf, die christlich-reformistische Strömung oder den Sozialismus der Masaryk'schen Prägung zu behandeln — eine Darstellung findet sich bei *Karel Kaplan.*[51])

Zum Marxismus bekannten sich zwei politische Parteien: die Sozialdemokraten und die Kommunisten. Die sozialdemokratische Richtung bekannte sich zwar zum Marxismus — in vielen Fragen orientierte sie sich jedoch an *Masaryk* und anderen nichtmarxistischen Autoritäten. Die Mitgliedsbasis der Sozialdemokraten bestand aus Arbeitern und Angehörigen der Mittelschicht. In der Führung der Partei gab es von Anfang an (wenn auch oft noch in nuce) unterschiedliche Ansichten über die Lösung der elementaren politischen und ökonomischen Probleme. Diese profilierten sich im Laufe der Zeit immer deutlicher, bis sie zur Polarisierung innerhalb der Führung führten.

Auf ihrem XX. Parteitag im Oktober 1945 verwarf die Sozialdemokratie den Reformismus und sprach sich für eine revolutionäre Umgestaltung der Gesellschaft aus. In seiner Eröffnungsrede erklärte *F. Tymeš:* „Unsere Aufgabe war weder noch ist es, die kapitalistische Ordnung zu reformieren, sondern diese Ordnung, die Ursache allen Elends, an dem die Menschheit leidet, zu überwinden. Die revolutionäre Umgestaltung ist ein revolutionäres Werk ...“ [52]) Ähnlich sprachen *B. Laušman* u. a. Teilnehmer des Kongresses.

In der Sozialdemokratie wurden bestimmte Einwände gegenüber dem Marxismus laut; manche wiesen darauf hin, daß er in vielen Punkten überholt sei. Gleichzeitig zeigte sich das Bestreben, den auf die tschechoslowakischen Verhältnisse anzuwenden und die Konzeption eines demokratischen Sozialismus zu entwickeln. Dabei wirkten viele äußerst verschiedene Einflüsse und Faktoren mit: internationale Einflüsse und der Druck der damaligen revolutionären Situation, taktische Rücksichten auf die mittleren Schichten, die man gewinnen wollte, und schließlich die veränderte soziale Struktur der Mitgliedschaft, insbesondere der verminderte Anteil an Arbeitern.

Die Hauptrepräsentanten der Sozialdemokratie, *Fierlinger* und *Laušman*, erklärten, das Ziel der Partei sei der Sozialismus. Sie begriffen ihn als eine Komponente der europäischen Entwicklung und den Mai 1945 charakterisierten sie als den Anfang des Überganges vom Liberalismus zum Sozialismus. In dieser Wertung stimmten fast alle überein.

Unterschiede wurden schon sichtbar bei der Bestimmung der tschechoslowakischen Gesellschaft in der Zeit nach der Verwirklichung des Kaschauer Regierungsprogramms. Daraus resultierten dann unterschiedliche Ansichten über die weitere Entwicklung der Revolution und über das „sozialistische Modell“. Manche sprachen von einer sozialistischen Ära in der Tschechoslowakei, davon, daß sich jetzt schon die sozialistische Umgestaltung der Gesellschaft vollziehe, (z. B. *B. Laušman* auf dem XX. Parteitag der Sozialdemokratie im Oktober 1945). Eine weitere, gleichwohl zahlenmäßig starke Gruppe, insbesondere Gewerkschaftsfunktionäre, faßten die Volksdemokratie als „Voraussetzung für einen sozialistischen Staat und als Entwicklungsstufe zu ihm“ auf.[53]) So *E. Erban* in einer Rede im Parlament am 8. 11. 1945:

> Die Überführung der Produktionsmittel in die Hände des Staates legt uns eine weitere Aufgabe auf: den Staat dauernd und eindeutig in die Hände des Volkes zu überführen und dessen Herrschaft dauernd zu sichern. Erst die Erfüllung dieser zweiten Aufgabe entscheidet, wem schließlichen Endes alle die revolutionären Veränderungen in unserem Wirtschaftsleben dienen werden . . .[54])

Was den Inhalt der durchgeführten Revolution betraf, so sprachen die Sozialdemokraten von einer Revolution, die „gleichermaßen von nationalen und sozialen ideologischen Elementen“ getragen sei und „die Höhepunkt und die erfolgreiche Beendigung des nationalen Befreiungskampfes und der sozial-revolutionären Bestrebungen zur Wiedergeburt des selbständigen tschechoslowakischen Staates“ bedeute.[55])

Die erste Gruppe, die schon über den Aufbau des Sozialismus sprach, unterstrich neben den nationalen vor allem die sozialen Elemente; die zweite Gruppe hingegen akzentuierte den nationalen Rahmen der Revolution. In der Partei herrschte die Überzeugung vor, die tschechoslowakische Revolution sei eine Synthese des nationalen und sozialen Prinzips. Diese seien das Ergebnis einer historischen Entwicklung und hätten der Revolution ihren tschechoslowakischen Charakter verliehen. Die Vorstellung vom demokratischen Sozialismus in der Tschechoslowakei kam in der Partei allgemein zum Tragen. Trotz bedeutender Unklarheiten dominierte ein gemeinsamer Ton: der tschechoslowakische Sozialismus könne weder ein modifiziertes sowjetisches Modell, noch eine Variante sozialistischer Vorstellungen westlicher Sozialisten sein.[56])

Diese Bestimmung war negativ und gab keinerlei Antwort auf die Frage, *was* sein solle. Sehr oft wurde der tschechoslowakische Sozialismus als Fortsetzung und Ziel der revolutionären nationalen Traditionen aufgefaßt. Der tschechoslowakische Sozialismus sollte den Beweis für die Einheit von Sozialismus und Demokratie, von Sozialismus und Freiheit für den einzelnen liefern. In diesem Sinn sprachen die führenden Vertreter der Partei *Zdeněk Fierlinger, Bohumil Laušman* u. a. Ähnlich schrieb auch *J. S. Hájek* in seinen Publikationen.[57]) Aber diese Definition war recht allgemein, sie enthielt keine politisch-ökonomischen Begriffsinhalte. Schließlich definierte man den tschechoslowakischen demokratischen Sozialismus als eine Synthese von *Marx* und *Masaryk*, insbesondere des Demokratismus von Masaryk. Dieser Gedanke war sowohl unter den einfachen Parteimitgliedern als auch unter den hohen Funktionären wirksam.

Für unseren tschechischen Marxismus war und bleibt dauernd der Einfluß der kritischen Zusammenarbeit Masaryks bestehen; es ist daher nicht unzeitgemäß, sich wieder des Verhältnisses Masaryks zum Marxismus und zu unserer sozialistischen Bewegung bewußt zu werden und aus den sachlichen Einwänden, die Masaryk gegen einige Einseitigkeiten des Marxismus vorbrachte, zu lernen.[58])

Ziel des demokratischen Sozialismus war, nicht nur die Demokratie zu vertiefen, sondern sie auch auf alle Bereiche gesellschaftlicher Betätigung zu erweitern.

Im politischen Bereich bestand das Bestreben, den bürgerlichen Demokratismus zu überwinden. Die programmatischen Grundsätze betrafen vor allem ein System, das auf den Nationalausschüssen und den Betriebsräten beruhte; sie hoben die Rolle der Gewerkschaften hervor und betonten ihre Unabhängigkeit von einer politischen Partei. Die bisherigen Prinzipien der liberalen Demokratie, staatsbürgerliche Freiheiten und das parlamentarische System auf Grund des Wahlrechts sollten durch wirtschaftliche Demokratie ergänzt und untermauert werden. Es gab allerdings auch viele Funktionärsstimmen innerhalb der Sozialdemokratie, die eher zur liberalen bürgerlichen Demokratie tendierten und die Demokratie auf ein System politischer Parteien beschränkt sehen wollten.

Ein konkretes Bild der sozialistischen Gesellschaft wurde von der sozialdemokratischen Partei nicht entworfen. Bestimmte Andeutungen oder Konturen sind jedoch in den Reden der führenden Funktionäre und in den programmatischen Dokumenten enthalten. In der Wirtschaft rechneten die Sozialdemokraten langfristig mit einem Dreisektorensystem, wobei sie eine Beschränkung des privatkapitalistischen Sektors mit der Überführung der Mittelschichten zu höheren Produktionsformen auf demokratische Weise voraussetzten. Im politischen Bereich versuchten sie die Aufrechterhaltung der Demokratie durchzusetzen — ihre Vorstellungen waren jedoch unbestimmt. Für die Zukunft erwarteten sie zum Beispiel die Entstehung einer sozialistischen Einheitspartei — es existierten jedoch auch gegensätzliche Ansichten über die Unmöglichkeit der Vereinigung der drei Parteien; viele vertraten den Standpunkt, die politischen Parteien seien die Hauptform, in der sich der Volkswille manifestieren könne.

In vielen Schlüsselfragen war das Programm auf allgemeine Grundsätze beschränkt. Die breite Fächerung der Ansichten — von *Marx* bis *Masaryk* — war ein Ausdruck des Bestrebens, die Interessen der Arbeiterklasse, der Bauernschaft und der Mittelschichten, die immer deutlich die Mitgliedschaft ausmachten, auf einen Nenner zu bringen.

Die Kommunisten traten als Repräsentanten eines von Lenin weiterentwickelten Marxismus auf, der sich auf die von *Stalin* theoretisch verallgemeinerten Erfahrungen des sozialistischen Aufbaus der Sowjetunion stützte. Als Gipfelleistung *Stalins* wurden seine Werke „Fragen des Leninismus“ und „Die Geschichte der KPdSU (B)“ angesehen. Die kommunistische Bewegung sah sich außerstande, tiefer die Grundtendenzen der Entwicklung in der Welt und in Europa nach dem Zweiten Weltkrieg zu analy-

sieren; sie entwickelte keine weiteren Alternativen des Sozialismus als die eines modifizierten sowjetischen Modells (alte Parteimitglieder entsagten nur sehr schwer ihren Vorstellungen vom russischen Weg zum Sozialismus).
Die Revolution wurde von ihnen als national und demokratisch gekennzeichnet. *Klement Gottwald* umriß in seiner Rede vor einem Meeting von KP-Funktionären im Juli 1945 den Charakter der Revolution folgendermaßen:

Gleichzeitig jedoch mit der nationalen Revolution, d. h. mit der Übernahme der Macht aus deutschen Händen in die Hände des tschechischen und slowakischen Volkes, führen wir den Kampf gegen die einheimischen Helfershelfer der Besatzungsmacht, d. h. gegen tschechische und slowakische Reaktion und Verrat. . . Und inwieweit unser Kampf, unsere Revolution, gegen tschechische und slowakische Reaktion und Verrat und deren politische und wirtschaftliche Träger gerichtet ist – insoweit ist unsere Revolution gleichzeitig eine demokratische Revolution.[59])

In der Möglichkeit einer friedlichen, demokratischen Entwicklung der Revolution, die große sozialökonomische und politische Veränderungen bewirken würde, sahen die Kommunisten ein tschechoslowakisches Spezifikum. *Gottwald* und andere Funktionäre der KP sprachen von einer derartigen Möglichkeit schon 1945 und danach. Sie betonten, es werde ein Kampf zwischen Arbeiterklasse und Bourgeoisie um die Seele des Volkes sein, wobei sie als alleinige Repräsentantin der Arbeiterklasse die kommunistische Partei ansahen. Auf dem angeführten Meeting erklärte *K. Gottwald:* „. . . wir erleben eine Periode des Kampfes zwischen der Arbeiterklasse, d. h. vor allem zwischen ihrem führenden Faktor, unserer kommunistischen Partei, und der Bourgeoisie.“ [60])
Die Kommunisten konzentrierten sich vorerst auf die Erfüllung des Kaschauer Regierungsprogramms, auf die Schaffung der Basis für eine Weiterentwicklung der Revolution. Vom Sozialismus sprachen sie recht wenig und in ausgesprochen allgemeinen Wendungen; sie unterstrichen vor allem die Politik der Natio-

nalen Front mit dem Anspruch, in ihr die führende Rolle zu spielen. Auf einer Sitzung des ZK der KPČ führte *Gottwald* dazu im Dezember 1945 aus:

„... es war für uns selbstverständlich, daß die Nationale Front nicht Selbstzweck, sondern Mittel zur Erreichung unserer sozialistischen Ziele sein werde." Und in bezug auf die weitere taktische Linie meinte er: „Wir würden einen großen Fehler begehen, wenn wir von dieser Taktik irgendwie abgingen oder sie in Frage stellten. Die objektive Möglichkeit eines weiteren Vorangehens im Rahmen der Nationalen Front unter unserer Führung: diese objektive Voraussetzung ist nach wie vor gegeben. Die Möglichkeit, daß nämlich die Arbeiterklasse die breiten Massen der Bauernschaft, der Intelligenz und Teile der Bourgeoisie anführe, ist längst noch nicht ausgeschöpft..." [61])

6. Mehrsektorenökonomik und Wirtschaftsdemokratie

Im Gefolge der tiefen ökonomischen Veränderungen nach der Verstaatlichung entstanden in der ČSR drei ökonomische Hauptsektoren. Wie sollten sie konzipiert sein und nach welchen Kriterien sollten sie sich entwickeln?
Die tschechischen Sozialisten verlangten gleiche politisch-wirtschaftliche Bedingungen für alle Sektoren der Volkswirtschaft. Sie waren davon überzeugt, daß ein gemischtes System die Konkurrenzmöglichkeit zwischen verstaatlichtem, kollektiviertem und privatem Sektor erhalten würde. *H. Ripka* meinte dazu:

... die totale wirtschaftliche Etatisierung führt unweigerlich zur politischen Totalität, deren Ausdruck die Diktatur einer politischen Partei ist. Wenn man einmal alle Produktionsmittel verstaatlicht, muß man eine möglichst starke zentrale politische Autorität schaffen, die mit derartig weitgehenden Rechten ausgestattet ist, daß sie ihren Willen den eigenen Plänen entsprechend allen aufzwingen kann. Sonst könnte es ihr kaum gelingen, das derart organisierte Wirtschaftsleben zu beherrschen. Bei konsequenter Etatisierung könnten wir das politische System, das wir jetzt haben, nicht aufrecht erhalten. Es wäre nicht möglich, das System mehrerer politischer Parteien zu bewahren.[62])

Und im Programmentwurf von 1947:

Darum lehnt der humanitäre Sozialismus die totale Etatisierung der Wirtschaft ab, die dem Staat, praktisch der Regierung, alle wirtschaftliche und gleichzeitig auch politische, durch keine andere Kraft ausgewogene Macht gibt. Gerade die sozialistische Gesellschaft braucht ein Maximum an Kontrolle und initiativer Konkurrenz und Erfindungsgabe. Das sind ernste Gründe dafür, daß wir konsequente Verfechter eines gegliederten pluralistischen Wirtschaftssystems auch in der sozialistischen Gesellschaft sind.[63])

Präsident *Dr. Beneš* sprach sich ebenfalls für eine Dreisektorenökonomik, vor allem für die Gleichberechtigung aller drei Sektoren aus. In einer Rede vor den Generaldirektoren der verstaatlichten Unternehmen unterstrich er: „Wir dürfen nicht vergessen, daß es neben den verstaatlichten Unternehmen auch noch den privatkapitalistischen Sektor gibt, und daß daher der freie Wettbewerb mit seinen Konsequenzen auf Handel und Unternehmen weiterhin existiert." [64])

Die Sozialdemokratie beurteilte die Existenz der drei Sektoren, ihre Aufgabe und Funktion unter dem Gesichtspunkt der gegenwärtigen Etappe und der Zukunft. Sie betrachtete den verstaatlichten als führenden Sektor — doch auch die übrigen Sektoren hatten ihre wirtschaftliche Funktion. *B. Laušman* erklärte auf dem Parteikongreß im Oktober 1945: „... wir werden planmäßig nicht nur die Aufrechterhaltung, sondern auch die Entfaltung des kleinen und mittleren Privatunternehmens unterstützen." [65])

Die Zukunft für das mittlere Unternehmertum sahen die Sozialdemokraten in der Kollektivierung. Das Verhältnis zwischen Kleinproduktion und Sozialismus war nach ihrer Auffassung sehr kompliziert; als Lösung empfahlen sie: Unterstützung der Kleinproduktion beim Übergang auf eine höhere technische Basis und schrittweise Erweiterung der verschiedensten Formen des Genossenschaftswesens. Im Bereich der Landwirtschaft lehnte die Sozialdemokratie eindeutig Kolchose und Sowchose ab. Zur Begründung hieß es:

„Die Kolchosen und Sowchosen sind anderen politischen und landwirtschaftlichen Verhältnissen entsprungen, als dies bei uns der Fall ist"; unser Landwirt „versteht es, auf seinem kleinen oder mittleren Hof intensiver und für das Ganze nutzbringender zu wirtschaften, als er das im Kolchosen- oder Sowchosenkollektiv könnte." [66])

Für die Kommunisten war die Dreisektorenwirtschaft eine aus der Revolution hervorgegangene Realität mit langfristigem Charakter — sie hielten sie jedoch nicht für unveränderlich. Sie rechneten mit einer weiteren Stärkung des verstaatlichten Sektors und dies nicht nur wegen seines steigenden Anteils an der Erarbeitung des Bruttosozialprodukts und an dessen Verteilung, sondern auch wegen künftiger Verstaatlichungsmaßnahmen.

R. Slánský erklärte am 17. 7. 1945: „Die Kommunisten verlangen weder die Verstaatlichung noch die Kollektivierung des Eigentums von Gewerbetreibenden und Kaufleuten ... Dieses Eigentum werden die Kommunisten nicht nur respektieren, sondern auch schützen." [67]) Und *F. Pexa* schrieb in der „Tvorba":

Bei uns gibt es jedoch keine Sozialisierung des Bodens ... Nach einschneidenden Eingriffen ins Agrareigentum erwachsen auf dem Boden von Höfen mittlerer Größe Dutzende Klein- und Kleinstgehöfte, was bei großzügiger staatlicher Unterstützung zu einer beschleunigten Hebung der Produktionsfähigkeit unserer Landwirtschaft führen muß. Wie aus dieser Erfahrung hervorgeht, wird sich unsere nachrevolutionäre Landwirtschaft nicht auf sowjetische Art weiterentwickeln, sondern auf eine neue Weise, die zu unseren Verhältnissen auf dem Dorfe paßt, die doch recht verschieden sind von den sowjetischen Umständen; es werden sich auch neue, spezifische Wirtschaftsformen in vollständiger Übereinstimmung mit der riesigen Mehrheit unserer Bauern herausbilden.[68])

Alle politischen Richtungen waren somit einig, in der Anerkennung der langfristigen Existenz dreier ökonomischer Sektoren des verstaatlichten und öffentlichen, des privatkapitalistischen und des kleinbürgerlichen Sektors in Produktion und Distribution. Die Unterschiede bestanden darin, wie jeweils die führende Stellung des verstaatlichten Sektors definiert wurde — diese Ansicht vertraten im übrigen nur die Kommunisten und Sozialdemokraten; sie und die Gewerkschaften betrachteten auch die Existenz des privatkapitalistischen Sektors für zeitlich, wenn auch langfristig beschränkt.

Infolge der großen wirtschaftlichen Veränderungen ergab sich das Problem einer Organisation der Wirtschaftsleitung. Allgemein sprach man von einer Demokratisierung der Wirtschaft. *Vojta Erban* — ein Sozialdemokrat — umriß den Begriff der „Wirtschaftsdemokratie" so:

Aufgabe und Inhalt der Wirtschaftsdemokratie sind
1) dem Volk durch die Vermittlung seiner Organe Einfluß auf die Lenkung der Produktion und auf die Verteilung der Güter rechtlich, politisch und sachlich zu gewährleisten,

2) Rechte und Pflichten der Staatsbürger auf dem Felde der Wirtschaft gerecht zu verteilen,
3) gerecht das Bruttosozialprodukt zu verteilen,
4) das System sozialer Maßnahmen und Einrichtungen zu erweitern und vollkommen auszubauen.[69])

Die Kommunisten empfahlen für die Demokratisierung der Wirtschaft eine Stufenfolge: zuerst Verstaatlichung und Bodenreform, dann Verwirklichung demokratischer Prinzipien in Wirtschaftsorganisationen und -verbänden.[70]) Sie sprachen von einem neuen Wirtschaftssystem:

1) Unser Land hat sich aus dem Bereich der Vorherrschaft des internationalen Imperialismus und des ausländischen Kapitals gelöst;
2) unsere Großbourgeoisie wurde ihrer Wirtschaftsbasis beraubt, und
3) der entscheidende Teil der Wirtschaft ist in die Hände des werktätigen Volkes übergegangen.[71])

Die kommunistische Auffassung von einer Demokratisierung der Wirtschaft bedeutete die Demokratisierung der Besitzverhältnisse und der Wirtschaftsorganisationen sowie die Möglichkeit eines demokratischen Wegs zum Sozialismus.

Keine einzige politische Partei entwarf ein geschlossenes Demokratiemodell für die Wirtschaft. Erst im Laufe der ökonomischen Praxis wurden einige Entwürfe realisiert. Ein Hauptproblem war, die Interessen aller Sektoren genügend in Betracht zu ziehen sowie Wettbewerb und Kontrolle untereinander zu erhalten. Dabei ging es nicht allein um binnenstaatlichen Wettbewerb, sondern auch darum, die tschechoslowakische Wirtschaft auf internationalem Felde wettbewerbsfähig zu machen.

Eine zentrale Aufgabe der wirtschaftlichen Demokratie lautete, die Bedürfnisse der ökonomischen Leitung mit den unterschiedlichen Vorstellungen der politischen Parteien über die Wirtschaftsentwicklung in Übereinstimmung zu bringen. Dabei ging es darum, die optimale Variante dieser Entwicklung zu finden und zu verwirklichen sowie die Gremien der ökonomischen Führung nach dem Prinzip strenger Fachlichkeit zu bilden und eine politische

Vertretung sicherzustellen. Dieser Zug der Wirtschaftsdemokratie war im Planungssystem und in der Struktur der Planungsorgane zu entdecken. Hier galt es, die einheitliche Lenkung der Wirtschaft mittels Plan durchzusetzen und die Funktion der politischen Parteien und der gewählten Repräsentativorgane zu definieren.

Zu den bedeutendsten Merkmalen der Wirtschaftsdemokratie gehörte die Teilnahme der Produzenten an der Führung und die Beteiligung des Volkes an der Kontrolle der Wirtschaft. In einem komplizierten Mechanismus realisierten sich die Beziehungen zwischen den Produzenten selbst, zwischen Produzenten und Distributoren, zwischen Produzenten und Konsumenten, zwischen Produzenten und Staat, zwischen der ökonomischen und der politischen Macht. Auch über die Eigentumsfrage machte man sich Gedanken. Man suchte nach Mitteln, ein Umschlagen der Ökonomik der Volksdemokratie in bloßen Staatskapitalismus zu verhindern. Die Wirtschaftsdemokratie beschränkte sich jedoch nicht nur auf die Teilnahme der Erzeuger an der Leitung und des Volkes an der Kontrolle der Wirtschaft, sondern ermöglichte auch, daß die Forderungen der Arbeitnehmer bezüglich der Erarbeitung und der Verteilung des Bruttosozialprodukts durchgesetzt werden konnten. Die tschechoslowakische Wirtschaftsdemokratie bedeutete in einem gewissen Sinn den Versuch, ein neues ökonomisches System in einer Gesellschaft zu errichten, die sich auf der Grundlage einer Mehrsektorenwirtschaft und eines Mehrparteiensystems zum Sozialismus hin bewegte.

Das ökonomische Modell wies drei Arten von Institutionen auf: Staatsorgane der Wirtschaftsführung und -kontrolle, wirtschaftliche Selbstverwaltung und Unternehmungsdemokratie, die zusammen ein einheitliches System bildeten.

Alle politischen Parteien waren sich darin einig, daß es unmöglich sei, „ein freies Spiel der Wirtschaftskräfte“ zuzulassen. Staatliche Eingriffe in das Wirtschaftsgeschehen wurden als unausweichlich angesehen. Die Vorstellungen über Grad und Ausmaß dieser Eingriffe waren unterschiedlich. Das Hauptproblem blieb

die Machtkonzentration in den Händen der staatlichen Organe und deren Kontrolle. Durch die Verstaatlichung hatte sich neben der ohnehin sichtbaren politischen zusätzliche ökonomische Macht bei der Regierung und ihren Organen konzentriert. Noch nie zuvor war in der ČSR in den Händen der Regierung derartig viel Macht kumuliert gewesen. Diese Machtfülle rief bei einigen Politikern Befürchtungen hervor, sie könne sich über die Gesellschaft erheben, ja letztlich sogar gegen die Gesellschaft stellen. Diese Besorgnisse wurden insbesondere von den tschechischen Sozialisten und von der Volkspartei vorgebracht.
Am deutlichsten war dies bei *H. Ripka* spürbar. Auf einer Versammlung der Vertrauensleute der Betriebsorganisationen seiner Partei am 14. 11. 1945 führte er aus:

Diese Kontrollen sind gerade deshalb vonnöten, weil in den Händen der Regierung – aber auch der übrigen politischen oder wirtschaftlichen Exekutivorgane – eine riesige Macht konzentriert ist. Und je mehr diese Macht in den Händen der politischen und wirtschaftlichen Exekutive konzentriert ist, um so mehr müssen wir darauf vorbereitet sein, daß es zu einem andauernden und zähen Kampf um wichtige Machtpositionen im Wirtschaftsleben kommt. Es ist dem Charakter der Macht immanent, daß sie selbst dazu verführt, mißbraucht zu werden. Macht kann wirksam nur dann eingeschränkt werden oder wird wirksam nur dann eingeschränkt, wenn sie unter Kontrolle steht und wenn die politischen Bedingungen dafür geschaffen sind, daß Schäden, Fehler und Irrtümer, die von den Trägern der Macht verursacht werden, wieder gut gemacht werden. Ich selbst bin der Meinung, daß es für unser Leben am gesündesten wäre, wenn keine politische Partei – aber auch keine andere Wirtschafts- oder Interessengruppe – das absolute Übergewicht über die anderen gewönne, sondern wenn alle, auch wenn die eine oder die andere stärker wäre als die übrigen, sich gegenseitig die Waage hielten, so daß alle zum Kompromiß gezwungen wären und ihre Machtpositionen nicht mißbrauchen könnten.[72])

Allgemein wurde die Notwendigkeit einer demokratischen Kontrolle der in den Händen der Staatsorgane konzentrierten Macht empfunden. Das Kontrollsystem stellte ein System von Garantien dar, zu denen die Existenz mehrerer politischer Parteien, die wirtschaftliche Selbstverwaltung, die Funktion des Parlaments und die verschiedenartigen Formen der öffentlichen Meinung gerechnet wurden.

Es wurden auch Befürchtungen laut, die geplante oder gelenkte Wirtschaft könne die politischen Freiheiten einschränken und die Initiative und Freiheit des Wirtschaftsunternehmens liquidieren. Insbesondere der bekannte Nationalökonom *K. Engliš* und seine Anhänger behaupteten, die sozialistische Planwirtschaft führe zur politischen Totalität und zur Liquidation der ökonomischen Initiative.[73])

In der komplizierten Ökonomik des Landes und bei der Existenz dreier Sektoren konnte nicht nur eine Form der Lenkung angewendet werden. Auch der Grad des Eingriffs oder des Dirigierens war unterschiedlich. In den verstaatlichten Sektor vermochte die Regierung am stärksten als Eigentümer einzugreifen, auch wenn sie das Prinzip der Handels- und Produktionsunabhängigkeit der Unternehmen respektieren mußte. In der nichtverstaatlichten Industrie und dem nichtverstaatlichten Großhandel bediente sie sich meistens verschiedener ökonomischer Hebel (Zuteilung von Rohstoffen, Maßnahmen preispolitischer Art). In Kleinindustrie und -handel kombinierte sie die Mittel ökonomischer und außerökonomischer Beeinflussung mit dem Ziel, diese Schichten in den Gesamtstrom ihrer ökonomischen Politik einzuschleusen.

Alle, die an der Ausarbeitung des Zweijahresplanes und der Bildung der Planungsorgane beteiligt waren, gingen davon aus, daß bei der Planung keinerlei fremdes Muster übernommen werden könne, sondern daß eine eigene tschechoslowakische Methode entwickelt werden müßte. Die Begründung des Gesetzes über den Zweijahresplan brachte den Standpunkt der Nationalen Front so zum Ausdruck:

Die tschechoslowakische Planung baut zwar auf den Erfahrungen der Sowjetunion auf, sie ist jedoch von fremden Mustern unabhängig. Wir versuchen nicht, sie nachzuahmen und um so weniger sie auf unsere Wirtschaft zu übertragen. Wir haben unsere Wirtschaftstradition; unsere Wirtschaft hat sich anders entwickelt und ihre Gesamtstruktur hat ihre Besonderheiten.[74])

Außer ökonomischen Ursachen, die die tschechoslowakische Planung beeinflußten, gab es auch noch politische Gründe. Die ČSR gehörte zu den wenigen Ländern, die nach dem Zweiten Weltkrieg begonnen hatten, mit mehreren bestehenden Parteien zu planen; sie war der einzige Industriestaat, der unter solchen Bedingungen plante. Der tschechoslowakische Fall konnte auch zur Beantwortung der Frage beitragen, ob es möglich sei, unter Beibehaltung des demokratischen Prinzips mehrerer Parteien zu planen. Einer der Schöpfer des Zweijahresplans, *E. Outrata,* sowie andere Fachleute aus dem Bereich der Volkswirtschaft, beantworteten diese Frage positiv.

In der Tschechoslowakei zögerte man nicht, zur Planung und Verwaltung der Volkswirtschaft sogenannte bürgerliche Fachleute heranzuziehen. *Outrata, Fabinger, Fukátko, Kubelík, Jičínský* und andere hatten bedeutenden Anteil an den ersten Erfolgen der Entfaltung der tschechoslowakischen Industrie in den Jahren nach dem Kriege. Viele von ihnen wurden in den politischen Prozessen der fünfziger Jahre verurteilt. 1964 wurden sie rehabilitiert und die Vorwürfe der Wirtschaftssabotage zurückgenommen.

Die Teilnahme der Produzenten an der Leitung erfolgte nur mittelbar. Sie wurde durch ein Drittel der Mitglieder des Aufsichtsrats, die von den Arbeitnehmern gewählt waren, und einen Vizedirektor, durch die Gewerkschaftsorgane, deren Standpunkt zu den übrigen leitenden ernannten Organen der Unternehmen und der Generaldirektionen gehört werden mußte, ausgeübt. Ein wichtiges Mittel zur Kontrolle der Ergebnisse der nationalisierten Industrie durch die Bevölkerung war die obligatorische Veröffentlichung der Jahresbilanz in der Presse. Ein zusätzliches Element der Teilnahme der Arbeitnehmer an der Verwaltung der Unternehmen waren die Betriebsäte und Gewerkschaftsorganisationen. Jetzt übten diese Organe außer ihrer sozialen Funktion auch noch politische, wirtschaftliche und kulturelle Funktionen aus, weil die Betriebsräte einen Teil des Mechanismus der volksdemokratischen Macht und ein wichtiges Glied im ökonomischen System darstellten.

Der Staatspräsident unterzeichnete das Gesetz über die Betriebsräte am 24. Oktober 1945 als Dekret Nr. 104/45. Es definierte die Aufgabe der Betriebsräte im Wirtschaftsmechanismus als Teilnahme an der Verwaltung des Betriebs, um, wie es hieß, dauernd den reibungslosen und ungestörten Gang des Betriebs zu gewährleisten. Gleichzeitig unterstrich das Dekret, daß die Leitung des Betriebs der Verwaltung obliege und daß sie allein für das Unternehmen verantwortlich sei. Die Betriebsräte hätten zu kontrollieren, ob sich die wirtschaftliche Tätigkeit des Betriebs in Übereinklang mit den Interessen des Allgemeinwohls und mit den sozialen und kulturellen Interessen der Arbeitnehmer befand. Sie hatten dabei das Recht, sich an der Erörterung von Lohnfragen zu beteiligen und über Einstellungen und Entlassungen von Arbeitnehmern mitzuentscheiden. Die Betriebsverwaltung war ihrerseits verpflichtet, mit dem Betriebsrat alle Fragen zu erörtern, die die Arbeitnehmer betrafen und 10% des Reingewinns an den Fond des Betriebsrats abzuführen. Sie hatte ferner entsprechend dem Statut für die verstaatlichte Industrie dem Betriebsrat und auf der Betriebsversammlung regelmäßig über den wirtschaftlichen Zustand der Unternehmen Bericht erstatten.

Die Gewerkschaftsfunktionäre definierten die Funktion der gesamtbetrieblichen Versammlung folgendermaßen:

Der Direktor ist gehalten, wenigstens einmal im Monat eine Versammlung aller Werktätigen einzuberufen ...., auf der er über die Lage des Betriebs, über die Arbeit im vergangenen Monat und über das Programm für den nächsten Monat berichtet... Einmal vierteljährlich ... ist der Direktor verpflichtet, den Arbeitnehmern alle Fragen zu beantworten, die den Gang des Unternehmens betreffen. Einmal im Jahr legt der Direktor auf einer derartigen Versammlung die Bilanz, den Produktionsplan und einen Vorschlag auf Verteilung des Reingewinns vor.[75])

Die Gewerkschaftsbewegung wuchs schnell zu einer großen machtpolitischen Kraft mit bedeutender Funktion im politischen und wirtschaftlichen Bereich heran. Neben der Regierung stellte sie den mächtigsten Faktor im Leben der Republik nach dem Kriege dar; die Gewerkschaften waren zahlenmäßig die stärkste und überhaupt wichtigste gesellschaftliche Organisation — Ende Februar 1946 zählte die Revolutionäre Gewerkschaftsbewegung (ROH) in der ganzen Tschechoslowakei bereits 1 812 000 Mitglieder. Die Gewerkschaften hatten nach dem Kriege erst ihren Ort in der politischen und wirtschaftlichen Struktur der Gesellschaft gesucht. Die erste gesamtstaatliche Konferenz der ROH im Januar 1946 bestimmte dann die Hauptaufgabe der Gewerkschaftsbewegung: „In jeder Situation allseitig um die Verteidigung der existentiellen, sozialen und kulturellen Interessen der Lohnempfänger Sorge zu tragen.“ Die Gewerkschaften waren sich ihrer Sonderstellung bewußt und handelten daher nicht wie etwa nur eine von vielen gesellschaftlichen Organisationen, sondern als die mächtigste Massenorganisation, die als gleichwertigen Partner nur die höchsten Organe der Staatsmacht anerkannte.

Das ganze System der Wirtschaftsdemokratie war erst im Werden begriffen. Die Frage, wie in Zukunft die Existenz mehrerer politischer Parteien und ökonomischer Sektoren auf das Funktionieren dieses komplizierten Mechanismus einwirken werde, ob er demokratisch bleiben und effektiv und zweckmäßig arbeiten könnte, blieb unbeantwortet. Die Tschechoslowakei verließ das Stadium des Experimentierens und beschritt einen anderen Weg.

7. Die Wahlen 1946 und die Machtverschiebungen

Die Tschechoslowakei war nach dem Zweiten Weltkrieg das einzige entwickelte Industrieland mit ausgeprägt demokratischen Traditionen, in dem sozialistische, von Kommunisten und Sozialdemokraten repräsentierte Gruppen zu Hauptträgern der Macht geworden waren. Die Führung der KP konzipierte damals ihre Politik unter dem Druck der Verantwortung für die Nutzung dieser historischen Stunde; *Klement Gottwald* meinte, es sei notwendig, auf schöpferische Weise Wege der weiteren Entwicklung zu suchen. Im Juli 1945 sagte er in einem Vortrag vor Kreis- und Bezirksfunktionären der Prager Bezirksorganisation:

> Im ganzen machen wir in unserer Republik eine eigenartige Entwicklung durch, die sich in keine Schablone zwängen läßt und bei der wir unsere eigenen Wege suchen müssen, unsere eigene Methode, unsere eigene tschechische und slowakische Politik ... Unser Regime ist ein Regime der nationalen und demokratischen Revolution, von einem spezifischen, geradezu tschechoslowakischen Typus. Die weitere Entwicklung hängt davon ab, ob wir sie so wie bisher auch weiterhin werden modifizieren können, wobei wir immer von unseren Verhältnissen ausgehen müssen.[76])

Das Spezifikum des tschechoslowakischen Wegs, von dem Gottwald gesprochen hatte, bestand in der organischen Verbindung der nationalen, demokratischen und sozialistischen Ziele der Revolution. Die Führung der KPČ mußte damals ihre Linie gegen verschiedene linke, sektiererische Tendenzen in der Partei selbst verteidigen — das Kaschauer Regierungsprogramm befriedigte diese Gruppen keineswegs; sie verlangten einen beschleunigten Übergang von der nationalen und demokratischen zur sozialistischen Revolution und die Verwirklichung der Diktatur des Proletariats. Es ging hier um den Versuch einer dogmatischen Applikation der Oktoberrevolution und die mechanische Übernahme der Methoden und Verhältnisse der Sowjetunion auf die tschechoslowakischen Verhältnisse.

Der KPČ fehlten eigene Erfahrungen; sie mußte die Frage des gesellschaftlichen Modells unter den Bedingungen einer Mehrsektorenökonomik und einer doch recht ausdrucksvollen Teilnahme der Bourgeoisie an der Staatsmacht lösen. Die Erfahrungen der UdSSR waren Erfahrungen eines Landes auf einer anderen Stufe ökonomischer und politischer Struktur, Erfahrungen einer Großmacht mit immensen eigenen Vorräten an Rohstoffen, Arbeitskräften usw. In der kommunistischen Bewegung gab es keine objektive kritische Analyse dieser Erfahrungen. Einziger autoritativer Interpret der sowjetischen Erfahrungen sowie einzige berechtigte Person, theoretische Fragen des Sozialismus „zu entfalten" und Differenzen zu „lösen", wurde im Laufe der Jahre *Stalin.* In seiner Auslegung waren die einzigen Quellen von Widersprüchen im Sozialismus, insbesondere in der Übergangsperiode, die Reste der kapitalistischen Klassen und die Überbleibsel des Kapitalismus im menschlichen Bewußtsein. In der politischen Ökonomie herrschte die These von der Harmonie zwischen Produktionskräften und Produktionsverhältnissen in der sozialistischen Gesellschaft. Das alles stellte bei der großen Autorität der Sowjetunion und *Stalins* eine ernste methologische Fessel für die geistige Entwicklung einer ganzen Generation von Kommunisten dar.

Die Auflösung der Kommunistischen Internationale im Mai 1943 hatte wenigstens zeitweilig positive Konsequenzen für die Nachkriegskonzepte der kommunistischen Parteien gezeitigt. Die Auflösung war mit der Begründung, daß sich die einzelnen Sektionen selbständig gemacht hätten, daß die Vielschichtigkeit und Unterschiedlichkeit der Bedingungen in den einzelnen Ländern eine schöpferische Lösung der Probleme der revolutionären Entwicklung in jedem einzelnen Lande erheischte. Im Gefolge des Zweiten Weltkriegs und der Niederlage des Faschismus hatte sich die Lage besonders in Mittel- und Südeuropa, verglichen mit der Periode der Oktoberrevolution, grundsätzlich verändert.

Die KPČ hatte bei der Restitution der Partei viele Schwierigkeiten. Tausende Mitglieder und Funktionäre waren im Widerstand umgekommen. Von den Vorkriegsmitgliedern war tatsächlich nur ein enger Kern übrig geblieben — insbesondere in der Zentrale und in den Bezirken —, der den Restitutionsprozeß einleitete. Dabei übernahmen viele erfahrene Parteifunktionäre bedeutende Funktionen im Staatsapparat und in Organisationen außerhalb der Partei. Günstig wirkte sich aus, daß die kommunistischen Emigranten mit verhältnismäßig genauem Programm und Konzept für die erste Etappe der Nachkriegsentwicklung, die ein recht positives Echo bei einem ansehnlichen Teil der Bevölkerung fanden, zurückgekehrt waren.

Kaum zwei Monate nach der Befreiung, am 3. 7. 1945, hatte die KPČ schon 475 000 Mitglieder. Das Konzept von der Nationalen Front und das Programm der friedlichen Entwicklung der Revolution, die Betonung des eigenständigen tschechoslowakischen Wegs zum Sozialismus — dies alles fand einen günstigen Widerhall nicht nur in den Reihen der Arbeiter, sondern auch bei einem Teil der Mittelschichten. Zum 15. März 1946, zehn Tage vor dem VIII. Parteitag, hatte die Zahl der KP-Mitglieder schon 1 007 834 erreicht. Die soziale Schichtung sah so aus: 57,7 % Arbeiter, 12,8 % Bauern, 9,2 % Intellektuelle, 4,1 % Gewerbetreibende — den Rest bildeten verschiedene andere Bevölkerungsgruppen.[77])

Zugunsten der KPČ wirkte auch sicherlich der Umstand, daß die Sowjetarmee auf dem Gebiet der ČSR eine Befreierrolle im antifaschistischen Kampf gespielt hatte (Übergriffe der sowjetischen Soldaten, insbesondere der Armee Marschall *Malinowskijs* in der Slowakei, hatte man bald vergessen); kaum geringer einzuschätzen war, daß die sowjetischen Truppen bereits Mitte November 1945, so wie die amerikanischen Einheiten in Westböhmen, das Gebiet der Republik verlassen hatten. Die tschechoslowakischen Kommunisten fanden im Vergleich z. B. zu den ungarischen oder rumänischen Kommunisten, in deren Ländern die Rote Armee die Funktion der Besatzungsmacht ausübte, andere Ausgangsbedingungen für ihre Tätigkeit vor. Die ganze Atmosphäre vor den Wahlen war von dieser Tatsache beeinflußt.

Vor den Wahlen 1946 vollzog sich in den nichtkommunistischen Parteien (außer in der Sozialdemokratie) ein Ruck nach rechts. Es erklang der Ruf nach einer Revision der nationalen und demokratischen Revolution — das Problem der Einheit der Nationalen Front zeigte sich in einem anderen Bild, es erschien viel schwieriger als zur Zeit der allgemeinen Euphorie nach dem Kriege.

Wie sich die KPČ den Kampf um die Einheit vorstellte, erklärte *Gottwald* in seiner Rede auf der Sitzung des ZK der KPČ im Dezember 1945:

Trotz allen Wahlfiebers, trotz aller Heimtücke, deren wir bei unseren Partnern Zeuge werden, muß unsere Partei auch weiter Träger der Einheit der Nation und der Nationalen Front bleiben. Die Massen haben Widerwillen gegen die Rückkehr zu altem Parteihader, zu altem Feilschen wie vor dem Kriege, zu Verhältnissen, wie sie vor München herrschten. Wir kommen den Massen entgegen, wenn wir auf der Wacht der nationalen Einheit und der Nationalen Front stehen. Mir scheint, und in dieser Sache muß Klarheit herrschen, daß diese Taktik, der wir alle unsere bisherigen Erfolge verdanken, auch weiterhin Grundstein unserer Politik bleiben wird.[78])

Zu den Versuchen *Zenkels* (tschechische Sozialistische Partei) und *Ursínis* (slowakische Demokratische Partei), Verbündete auf der Rechten zu suchen, sagte *Gottwald:*

Wir müssen versuchen, die ... linken, progressiven und demokratischen Elemente in den anderen Parteien zu unterstützen und zu verhindern, daß reaktionäre Elemente in diesen Parteien die Überhand gewinnen. Wir müssen uns in diesen Parteien auf die besseren, progressiveren und demokratischeren Mitglieder orientieren ... und so unsere Partner dem Druck ihrer eigenen Mitgliedschaft derart auszusetzen, daß sie nicht aus der Reihe tanzen können.[79])

Gegen die negative oppositionelle Linie formulierte die KPČ die positive Linie des Aufbaus. Die kommunistischen Nationalökonomen begannen mit ihren Arbeiten an den Grundsätzen des zweijährigen Wirtschaftsplans der Rekonstruktion der tschechoslowakischen Wirtschaft. Am 12. Mai 1946 brachte Rudé právo den Wahlaufruf der KPČ, der die Forderung enthielt, nach den Wahlen sofort den Zweijahresplan auszuarbeiten. Seine Hauptaufgabe sollte darin bestehen, „das Vorkriegsniveau der Produktion von Investitions- und Gebrauchsgütern so bald wie möglich zu erreichen und zu überschreiten ... Zu diesem Ziele muß ein großzügiges Investitions- und Modernisierungsprogramm für die Industrie und den Verkehr ausgearbeitet und verwirklicht und eine rationelle Verteilung der Arbeitskräfte durchgeführt werden." Darüber hinaus enthielt der Wahlaufruf der KPČ weitere wichtige Grundsätze für die Ausarbeitung einer Verfassung, für die Errichtung einer demokratischen Staatsverwaltung (Dezentralisierung, Entbürokratisierung und Verbilligung), für die Regelung des Verhältnisses zwischen Tschechen und Slowaken durch die Verfassung u. a. m. Der Aufruf war als Ganzes eine Konkretisierung der allgemeinen Linie der KPČ, er knüpfte an die bisherigen Ergebnisse der nationalen und demokratischen Revolution an und entwickelte sie schöpferisch im Rahmen einer breiten Nationalen Front weiter.

Die Wahlen am 26. Mai 1946 waren die ersten und gleichzeitig die letzten freien Wahlen in der Nachkriegstschechoslowakei. Sie sollten das wirkliche Kräfteverhältnis zeigen; sie waren daher ein wichtiger Test für alle politischen Parteien. Der Wahltag verlief ruhig, es kam nirgendwo zu Zwischenfällen. Die Wahlen brachten, gegliedert nach Ländern und politischen Parteien, folgende Ergebnisse:

Böhmen:

	Stimmen:	in %:
Kommunisten	1 541 582	43,26
Volkspartei	580 004	16,27
Sozialdemokraten	533 029	14,95
Tschechische Sozialisten	898 425	25,21
Weiße Stimmzettel	10 969	0,31
Zusammen	3 564 279	100,00

	Stimmen:	in %:
Mähren:		
Kommunisten	663 845	34,46
Volkspartei	531 005	27,57
Sozialdemokraten	322 509	16,74
Tschechische Sozialisten	400 555	20,79
Weiße Stimmzettel	8 484	0,44
Zusammen	1 926 398	100,00
Slowakei:		
Partei der Arbeit	50 079	3,11
Demokratische Partei	999 622	62,00
Kommunisten	489 596	30,37
Partei der Freiheit	60 195	3,73
Weiße Stimmzettel	12 724	0,79
Zusammen	1 612 116	100,00

Für das gesamte Staatsgebiet berechnete Stimmenanteile der einzelnen politischen Parteien und die Sitzverteilung in der Verfassunggebenden Nationalversammlung:

	%:	Mandate:
Kommunistische Partei der Tschechoslowakei	31,05	93
Kommunistische Partei der Slowakei	6,89	21
Tschechoslowakische Volkspartei	15,64	46
Tschechoslowakische Sozialdemokratie	12,05	37
Tschechoslowakische nationale sozialistische Partei	18,29	55
Partei der Arbeit	0,71	2
Demokratische Partei	14,07	43
Partei der Freiheit	0,85	3
Weiße Stimmzettel	0,45	
Zusammen	100,00	300 [80])

Den größten Einfluß hatten die Kommunisten in Böhmen (43,26 % aller Stimmen), weiter nach Osten verringerte sich ihr Einfluß; in den industriell weniger entwickelten Gebieten spielten Kirche und Religion noch eine große Rolle. Im Gefolge des

Slowakischen Nationalaufstandes und der Gesamtentwicklung in Mitteleuropa war es den demokratischen und sozialistischen Kräften in der Slowakei gelungen, die Macht des Faschismus zu brechen, den Gedanken der nationalen Befreiung und der tschechoslowakischen Selbständigkeit zu popularisieren, nicht jedoch die Macht des slowakischen Katholizismus zu beschneiden, der noch längere Zeit eine bedeutende politische Rolle spielte. Als sich der politische Katholizismus mit der Demokratischen Partei verbündete, zeigten sich die ersten Konturen eines künftigen Machtkampfes in der Slowakei zwischen Kommunisten und Demokraten. Die Auseinandersetzung ergab sich früher als in den tschechischen Ländern; er war das Wetterleuchten des späteren Kräftemessens im gesamtstaatlichen Ausmaß im Februar 1948.

Sofort nach den Wahlen wurden die entsprechenden Korrekturen in der bisherigen Mandatsverteilung der politischen Parteien in den Orts-, Kreis- und Landesnationalausschüssen im Sinne der Wahlergebnisse vorgenommen (bis zu den Wahlen war die Vertretung paritätisch bestimmt gewesen). Als Beispiel für die große Kräfteverschiebung in diesen Machtorganen sei angeführt, daß nunmehr von 162 Vorsitzenden der Kreisnationalausschüsse in Böhmen und Mähren 127 Kommunisten, 18 Mitglieder der Volkspartei, 8 tschechische Sozialisten und 7 Sozialdemokraten waren. Ebenso waren beide Präsidenten der Landesnationalausschüsse (in Prag und Brünn) Kommunisten. In der Slowakei erlangte die Demokratische Partei einen unerwarteten und entscheidenden Sieg.

Das Zentralkomitee der KPČ unterzog die Wahlen auf seiner Sitzung am 30. Mai 1946 einer Analyse.[81]) Es wurde festgestellt, daß das Ergebnis für die Kommunisten günstig gewesen sei. Sie hatten im gesamtstaatlichen Ausmaß 38 % der Stimmen gewonnen — zusammen mit den Stimmen der Sozialdemokraten war dies eine knappe Mehrheit, die sich in 151 von im ganzen 300 Parlamentssitzen widerspiegelte.

Für ihr weiteres Vorgehen zog das ZK der KPČ folgende Konsequenzen aus den Wahlergebnissen: als stärkste Partei den Anspruch auf das Amt des Ministerpräsidenten der neuen Regierung zu erheben; die Verhandlungen um die Zusammensetzung der neuen Regierung so zu führen, daß die Positionen der Kommunisten den Wahlergebnissen entsprächen; das Hauptgewicht auf die Ausarbeitung des Programms der neuen Regierung zu legen, wobei zu gewährleisten sei, daß alle Punkte des Programms konkret formuliert würden, um zu vermeiden, daß die anderen Signatare von ihm abrücken könnten; darauf zu achten, daß das neue Regierungsprogramm unter der Bevölkerung einmal ebenso populär und gleichsam als Ausdruck des eigenen Willens aufgenommen würde, wie dies beim Kaschauer Regierungsprogramm der Fall gewesen war; wegen des Wahlergebnisses in der Slowakei darüber zu wachen, daß die Demokratische Partei, deren Führung mit Elementen der (faschistischen) Volkspartei *(Andej Hlinka's)* durchsetzt war, ihre Positionen nicht gegen das volksdemokratische Regime nutzen könnte. Zu Ende der Beratung des ZK warnte *Gottwald* vor der Gefahr, sich überheblich und selbstzufrieden auf Grund des Wahlergebnisses zu verhalten.

Ich meine, daß wir ebenso wenig, wie wir über die Wahlergebnisse in der Slowakei in Panikstimmung geraten ... in Großmäuligkeit verfallen dürfen. Noch haben wir nicht gewonnen, der Kampf geht weiter. Wir haben in diesem Kampf nur vorteilhaftere Position, aber damit können wir uns nicht zufrieden geben. Wir müssen nun Sorge tragen, daß die nächsten Wahlen so ausfallen, daß wir uns ans Großreinemachen begeben können – und das von Grund auf und ein für allemal.[82])

Zur Situation in der Slowakei, wo die Wahlergebnisse für die Kommunisten nicht günstig ausgefallen waren, verfaßte *G. Husák* einen wichtigen Beitrag für das Blatt „Nové slovo" vom 31. 5. 1946: „Konsequent prinzipientreu." An die Demokratische Partei gewandt, betonte er:

Die Slowakei ist durch die erwähnte Entwicklung (das Übereinkommen mit der ‚Volkspartei' – R. K.) in eine ernste politische Krise geraten. Heute stehen nebeneinander keine zwei Parteien des Aufstandes, die die meisten Ideale gemeinsam hatten, sondern eine Partei, die ihre Linie nicht ändert, und eine zweite, die auf den Weg der Hlinka-Partei gezerrt wird, in die Atmosphäre des Tiso-Staates. Die Republik stellt der Slowakei und insbesondere der Demokratischen Partei eine Frage, deren Beantwortung biblische Klarheit haben muß: ja, ja – nein, nein. Entweder mit der Republik, mit ihrer vollkommenen Mehrheit, für die Prinzipien des Regierungsprogramms, ohne Abstriche, ohne Vorbehalte, ohne Kompromisse, ohne Geheimabkommen und -verbindlichkeiten, für die Ausmerzung aller faschistischen, rassistischen und totalitären Tendenzen, oder gegen die Republik, mit dem faschistischen Untergrund kokettieren, dessen Kräfte legalisieren und ihm den Quartiermeister abgeben, jene Bewegung rehabilitieren, die das demokratische Regime der ČSR vernichtete und den Staat zerschlagen hat. Es hängt von der Demokratischen Partei ab, zu entscheiden, mit wem und wohin sie zu gehen gedenkt und bis zu welchem Punkt sie kühn genug ist, zu gehen. Wir werden in der Frage der Prinzipien, auf deren Basis die Republik wiedererrichtet worden ist, der Ideale, die uns im Kampf gegen die Totalität Tisos bewegt haben, keine Kompromisse eingehen. Im Gegenteil: belehrt von den Ereignissen der letzten Monate werden wir noch konsequenter für unsere Prinzipien einstehen.[83])

Husák sagte den slowakischen Demokraten den Kampf an, der dann in den Jahren 1947—48 einen Kulminationspunkt erreichte und mit der Zerschlagung der Demokratischen Partei endete. Innerhalb der nichtkommunistischen Parteien wurde die Enttäuschung über das Wahlergebnis damit kompensiert, daß wenigstens in der Slowakei die Kommunisten Schwierigkeiten zu erwarten hatten. Die Mißerfolge in den Wahlen nützte auch der rechte Flügel in der Sozialdemokratie aus und aktivierte seine Tätigkeit. Eine ganz besondere Hoffnung verknüpften die nichtkommunistischen Parteien mit Präsident *Beneš* und dem Westen. Während die Wahl *Beneš's* zum Staatspräsidenten am 19. 6. 1946 einstimmig erfolgte, entfesselte sich ein zäher Kampf um die Positionen in der Regierung und um die Person des Parlamentspräsidenten. Nach komplizierten Verhandlungen gelang es *Gottwald*, eine neue Regierung der Nationalen Front zu bilden, die dann von *Dr. Beneš* am 2. Juli 1946 ernannt wurde. Die Positionen der KPČ waren in diesem Kabinett merklich verstärkt worden — die KP verfügte u. a. über die Ministerien des Inne-

ren, der Landwirtschaft, der Finanzen, des Binnenhandels. Darüber hinaus stellte sie den Staatssekretär im Außenministerium.
Am 8. Juli 1946 trat die neue Regierung vor das Parlament — zum ersten Mal in der Geschichte der Tschechoslowakei stand an der Spitze der Regierung ein Kommunist: *Klement Gottwald*, der führende Kopf der KPČ seit deren Bolschewisierung 1928. An diesem Tag trug *Gottwald* in der Verfassunggebenden Nationalversammlung sein Aktionsprogramm „Das Aufbauprogramm der dritten Regierung der Nationalen Front" vor.[84])
Wichtig waren die Thesen des Programms, die sich mit der Struktur der tschechoslowakischen Ökonomik befaßten, wie sie in der späteren Verfassung verankert sein sollte:

... es muß in der Verfassung das große Werk des Dekrets über die Nationalisierung des Bankwesens, der Hütten und Gruben, der Bodenschätze, der Energiequellen und der großen Schlüsselindustrie verankert werden. Die neue Verfassung muß die Hoffnung aller derer zuschanden machen, die immer noch hoffen, daß die nationalisierte Wirtschaft in die Hände eines Häufleins Großkapitalisten zurückgegeben wird. Andererseits wird dem kleinen und mittleren Privatunternehmen jeglicher Verfassungsschutz zuteil; insbesondere soll verfassungsmäßig das ehrlich erworbene Eigentum unserer Landwirte, Gewerbetreibenden, Kaufleute und aller übrigen physischen und Rechtspersonen gewährleistet sein.

Gleichzeitig erklärte *Gottwald*, die Regierung betrachte „die Nationalisierungsaktion in der Produktion für abgeschlossen".
Über die konstitutionelle Regelung der Beziehungen zwischen Tschechen und Slowaken sagte das Programm, man werde vom Kaschauer Regierungsprogramm ausgehen und gleichzeitig die Erfahrungen, die bei dessen Durchführung gemacht wurden, in Erwägung ziehen. Die Eigenständigkeit der Slowaken als Nation sollte durch die verfassungsmäßige Verankerung ihrer nationalen Organe gewährleistet werden.
Die Regierung erklärte weiter, daß die neue Verfassung die Gleichberechtigung der Frauen, individuelle und bürgerliche Freiheiten, wie die Freiheit des religiösen Bekenntnisses, die Pressefreiheit, die Redefreiheit, die Versammlungs- und Koalitions-

freiheit, die Freiheit wissenschaftlicher Forschung und künstlerischen Ausdrucks sowie alle anderen individuellen und politischen Freiheiten, die in der bisherigen Verfassung aus dem Jahre 1920 aufgeführt waren, garantieren werde.
In dem Abschnitt über den „Zweijahresplan der Rekonstruktion und des Aufbaus der Republik für die Jahre 1947—1948" wurde die Aufgabe festgelegt, die Produktion der Investitions- und Gebrauchsgüter auf Vorkriegsniveau zu heben. Die Industrieproduktion sollte Ende 1948 10% höher als vor dem Krieg sein. Für die landwirtschaftliche Erzeugung strebte man das Vorkriegsniveau an. Dementsprechend sollte das Lebensniveau der Bevölkerung angehoben werden. Eine historisch bedeutsame Aufgabe sollte in Angriff genommen werden: die Industrialisierung der Slowakei. Bis Ende 1948 sollte die Rekonstruktion der durch Kriegseinwirkung vernichteten Städte und Ortschaften beendet sein; es sollte der Aufbau von Wasserkraftwerken begonnen werden, in die Slowakei sollten einige Betriebe aus den tschechischen Randgebieten überführt werden. Das sollte der Beginn des Ausgleichs des ökonomischen Gefälles zwischen den tschechischen Ländern und der Slowakei werden.
Wichtige programmatische Thesen beschäftigten sich mit der zweckmäßigen Organisation des Wirtschaftssystems. Dazu hieß es im einzelnen:

... es muß eine zweckmäßige Organisation geschaffen werden, die obligatorisch sowohl die nationalisierten wie die nichtnationalisierten Unternehmen umfaßt. Mittels dieser Organisation, deren Apparat wirtschaftlich und elastisch sein muß, werden die zuständigen Staatsorgane die Möglichkeit haben, planmäßig ganze Industriezweige zu lenken, die Interessen des nationalisierten und des nichtnationalisierten Sektors abzustimmen und sie in das gesamte staatliche Planungssystem einzugliedern, ohne daß der gesamte Wettbewerb zwischen beiden Sektoren gestört wird.[85])

Für den Bereich der Landwirtschaft wurde verlangt, die Mechanisierung zu fördern — zu diesem Zweck sollten in allen Kreisen Maschinenstationen errichtet und das Netz der Orts- und Landbezirks-Maschinengenossenschaften erweitert werden. Um die ordentliche Nutzung der Mechanisierungsmittel zu sichern, wollte die Regierung die freiwillige Flurbereinigung fördern. Das Programm enthielt auch Aussagen zum Thema Bodenreform. Es forderte ihre Beendung dem Kaschauer Programm zufolge und die Revision der ersten Bodenreform, vor allem unter besonderer Berücksichtigung der Kleinbauern und der bodenbesitzlosen Landbevölkerung.

Im Regierungsprogramm fand sich auch eine Bemerkung über die parlamentarische Kontrolle der Wirtschaft.

Sowohl das Haushalten der öffentlichen Verwaltung wie das Haushalten des nationalisierten Unternehmens wird einer andauernden wirksamen rationellen Kontrollle unterworfen, die dem höchsten Gremium der Volksdemokratie, der Nationalversammlung, untersteht.

In der Außenpolitik sollten die Prinzipien des Kaschauer Regierungsprogramms gültig bleiben. *Gottwald* unterstrich vor allem die Orientierung auf ein dauerhaftes Bündnis und eine umfassende Zusammenarbeit mit der Sowjetunion. Die Regierung erklärte, sie habe ein permanentes Interesse an der Entfaltung und Vertiefung politischer, wirtschaftlicher und kultureller Beziehungen zu den Ländern des Westens. *Gottwald* wies auf die Möglichkeiten guter nachbarlicher Beziehungen hin. Gleichzeitig machte er auf die Notwendigkeit einer wachsamen Politik gegenüber Deutschland aufmerksam — die Tschechoslowakei habe ein lebenswichtiges Interesse an der Denazifizierung. Jede Möglichkeit einer künftigen deutschen Aggression müsse im Keime erstickt werden.

Das Regierungsprogramm war der Ausdruck eines neuen Kräfteverhältnisses — gleichzeitig enthielt es eine Reihe von Kompromissen. Der Vergleich zwischen dem von den Kommunisten ausgearbeiteten und später beschlossenen Regierungsprogramm beweist, daß es den nichtkommunistischen Partnern gelungen war, die Kommunisten zu verschiedenen Korrekturen zu veranlassen. Die Rechte mußte infolge des Wahlergebnisses ihre Pläne einer „Revision" der Revolution aufstecken. Dadurch, daß sie jedoch an der Koalitionsregierung teilnahm, trug sie dazu bei, die Dinge in eine Richtung zu lenken, die sie nicht wünschte und die in grundlegendem Widerspruch zu ihren eigenen Zielen und Interessen stand.

Der Zweijahresplan wurde mit den Stimmen aller Parteien gebilligt — bei seiner Realisierung kämpften jedoch tschechische Sozialisten, Volkspartei und slowakische Demokraten erbittert um jede ökonomische Position in der Industrie, in der Landwirtschaft, im Handel usw. Scharfe Auseinandersetzungen löste ein Artikel des Wirtschaftsexperten der tschechischen sozialistischen Partei *J. Hejda* „Ersatz für die Nationalisierung" aus.

Hejda unterbreitete u. a. den Vorschlag, verstaatlichte Unternehmen in Aktiengesellschaften umzuwandeln. Er befürwortete weiter ausländische Kapitalbeteiligung in verstaatlichten Unternehmen. Weiter führte er aus:

Zur Nationalisierung hegt man besonders im Westen Mißtrauen. ‚Sie stinkt nach Bolschewismus', behauptet man. Was ist unser Nationalunternehmen heute? Es ist eine absolut undurchsichtige Sache, *ohne demokratische Wirtschaftskontrolle durch die Öffentlichkeit.* Wenn wir das Nationalunternehmen als Aktiengesellschaft konzipieren, ändert sich die Situation schlagartig. Besonders der Westen hat selbst eine Menge derartiger ‚Development Societes' oder ‚Sociétées développementes', in denen der Staat als Majoritätsaktionär auftritt. Die Verstaatlichung bekommt dadurch eine ‚zivile' Form, ja, ich behaupte nachgerade, daß wir dadurch *der Welt ein Zeichen setzen,* besonders der westlichen Welt, wie es *auch* gemacht werden kann. Wir müssen uns doch nicht sklavisch an das sowjetische Rezept halten, schon deshalb nicht, weil die Sowjets die Form der Aktiengesellschaft nicht anwenden konnten, weil bei ihnen Aktiengesellschaften nicht entwickelt waren und soweit sie überhaupt existierten, sie längst nicht so sehr in die Öffentlichkeit gedrungen waren wie bei uns.

Wir haben heute die Gelegenheit in Händen, der ganzen Welt die Möglichkeit zu geben uns nachzuahmen. Vergessen wir nicht den Einfluß, den wir damit auf die westlichen Länder ausüben – insbesondere auf Frankreich. Die Verstaatlichung durch den Erwerb der Mehrheit kann nämlich zu einer schrittweisen Sozialisierung führen, von Unternehmen zu Unternehmen, was ein Weg ist, der sicherlich ausgezeichnet z. B. England entspräche. Für uns gewinnnen wir damit die Sympathien des Westens, die für uns doch nicht ganz wertlos sind.[86])

Hejda, der mit einer spürbaren Beteiligung ausländischen Kapitals rechnete und die ökonomischen Positionen der Bourgeoisie in der ČSR stärken wollte, stieß mit seinen Anregungen auf scharfen Widerstand bei den Kommunisten. Er wurde abgewiesen.

Ein großer Streit entbrannte im Winter 1946—47 um die Konfiskate. Es ging dabei um die endgültige Entscheidung über das Schicksal der Unternehmen, die auf Grund der Dekrete über die „Bestrafung der Deutschen, Magyaren, Kollaborateuren und Verräter" nationale Verwaltungen erhalten hatten und für die die Bestimmungen der späteren erlassenen Nationalisierungsdekrete nicht galten. Es handelte sich um kleinere Unternehmen. Fast um jeden konfiszierten Betrieb wurde gekämpft. Die Rechte versuchte die Konfiskate in Privathände zu lancieren, die Linke wollte sie an Nationalunternehmen anschließen oder sie der Verwaltung der Ortschaften, Kreise und Genossenschaften unterstellen. Über das Schicksal einer bedeutenden Anzahl von Konfiskaten war bis Februar 1948 überhaupt nicht entschieden worden.

Die Kommunisten glaubten, ein entscheidendes Argument wäre die Prosperität der verstaatlichten Unternehmen. *Gottwald* unterstrich dies besonders z. B. in seiner Rede zu den Bergleuten in Karwin (Karviná) am 25. August 1946:

Ich möchte sehr ernsthaft auf eine unbedingte Voraussetzung aufmerksam machen: die Nationalisierung wird nur dann aufrecht erhalten werden können und auf dem Weg zum Sozialismus werden wir festen Schrittes nur dann vorankommen, wenn sich unsere verstaatlichten Unternehmen bessern werden und wenn wir mit aller Sorgfalt darauf hinwirken, daß sie besser, billiger und schneller arbeiten als früher. Das ist die unbedingte Voraussetzung für den gesamten Erfolg unseres Nationalisierungsprozesses, denn *schließlich letzten Endes siegt immer die Gesellschaftsordnung, das Wirtschaftssystem, das besser produziert und besser arbeitet.*[87])

Das damalige Lenkungssystem in der Volkswirtschaft, seine Instrumente und Methoden ermöglichten die Entfaltung von Eigeninitiative. Das Wertgesetz und die Prinzipien der Rentabilität wurden in der ökonomischen Praxis grundsätzlich respektiert.

Das System der Zuteilungswirtschaft, das Erbe der Kriegsökonomik, das notwendigerweise den Raum für das Wirken des Wertgesetzes einengte, wurde als unangenehme Bremse empfunden, die die Regierung zu überwinden hoffte. Das Haushalten der einzelnen Unternehmen und der Gang der Volkswirtschaft als Ganzes wurden öffentlich kritisiert. Man suchte Wege zur Besserung. Die Entwicklung der Tschechslowakei wurde immer am Niveau der höchst entwickelten Staaten gemessen.

Für die Entwicklung der gemischten Ökonomik in der ČSR war es charakteristisch, daß bei schnellerem Wachstum der verstaatlichten industriellen Produktion auch die nichtnationalisierte Industrieproduktion bedeutend zunahm. Vom 1. Juli 1946 bis 1. Juli 1947 wuchs die Zahl der in der nationalisierten Industrie tätigen Personen um 88 000 (um 4,3 %). Ähnlich wuchs auch der Wert des Absatzes, der sich, verglichen mit derselben Zeitspanne vom Vorjahr, im zweiten Quartal 1947 etwa um 53 % in der nationalisierten und um 40 % in der nichtnationalisierten Industrie erhöhte.

Vergleicht man die nationalisierte und nichtnationalisierte Industrie nach der Anzahl der Arbeitnehmer (in der verstaatlichten Industrie waren zum 1. 7. 1947 61 % aller Arbeitnehmer in der Industrie überhaupt tätig) und nach dem Wert des Absatzes der verstaatlichten Industrie (der Absatz im ersten Quartal 1946 machte 47 % vom Gesamtwert des Absatzes der Industrie aus, im zweiten Quartal 56 %, im dritten Quartal 57 % und im vierten Quartal 59 %, im ersten Quartal 1947 57 % und im zweiten Quartal 58 %), so fällt die höhere Aktivität der nichtverstaatlichten Industrie auf (der Wert des Absatzes verdoppelte sich in derselben Zeitspanne). Die nichtverstaatlichte Industrie hatte bessere Bedingungen im Verlauf der Rekonstruktion als die verstaatlichte Industrie, da sie überwiegend Verbrauchsgüterindustrie war und durch Kriegseinwirkung weitaus weniger vernichtet worden war. Eine Rolle spielte hierbei auch die Preispolitik. Die Preise der Produktionsmittel waren im Gegensatz zur allgemeinen Preissteigerung auf dem Weltmarkt bis in die erste Hälfte

des Jahres 1947 im wesentlichen auf dem Niveau von 1946 gehalten worden.[88])
Wie aus den Angaben über die Investitionstätigkeit im ersten Halbjahr 1947 hervorgeht, bestand beim Privatkapital noch ein Vertrauen in die Entwicklung der volksdemokratischen Tschechoslowakei. In den Jahren 1946—47 bemühte man sich, den übernommenen Wirtschaftsapparat nicht zu zerschlagen, sondern die Wirtschaftsinstrumente des Staatskapitalismus zu beherrschen. Diese Instrumente entsprachen dem hohen Grad der Konzentration und der Zentralisation der tschechoslowakischen Wirtschaft. Es galt, sie für Entfaltung des sozialistischen Sektors der Volkswirtschaft und zur Gewährleistung jener Bedingungen zu nutzen, die zur Unterordnung und zur Kontrolle des Privat- und Kleinproduktionssektors notwendig waren, um schrittweise die ökonomischen Bedingungen für dessen Sozialisierung zu schaffen.

8. Der tschechoslowakische Weg zum Sozialismus

Wenn die kommunistischen Parteien in der Nachkriegszeit von einem „spezifischen", „besonderen", „eigenen" Weg zum Sozialismus sprachen, betonten sie damit vor allem die internationalen und inneren Bedingungen, die unterschiedlich waren verglichen mit der Situation, in der Rußland seinen Weg zum Sozialismus eingeschlagen hatte. Aber es bestanden auch Unterschiede in den Bedingungen der einzelnen Länder Mittel- und Südosteuropas. Es ist schon wiederholt gesagt worden, daß die Tschechoslowakei in diesem Teil Europas das einzige industriell entwickelte Land mit starken demokratischen Traditionen war und daß das Abkommen zwischen der von *Beneš* geführten „linken Bourgeoisie" und den Kommunisten die erste Nachkriegsetappe in der Entwicklung der Tschechoslowakei bedeutend erleichtert hatte. Es war auch eine Besonderheit, daß die KPČ die einzige Kommunistische Partei in Osteuropa war, die sich in der Zeit zwischen beiden Weltkriegen frei entwickeln und genügend parlamentarische Erfahrungen sammeln konnte. Zur Zeit Münchens und während des Kriegs hatten die tschechoslowakischen Kommunisten insbesondere durch ihren aktiven antifaschistischen Kampf erhebliche Autorität im tschechischen und slowakischen Volk erlangt.

Bei der Analyse der Nachkriegsentwicklung ging die KP-Führung von der Prämisse aus, daß die vor sich gehende Revolution einem Regime den Weg öffne, das zwar demokratisch sei, d. h. die Negation der kapitalistischen Vorkriegsgesellschaft darstelle, selbst aber noch nicht als sozialistisch bezeichnet werden könne. Aufgabe der Kommunisten sei es, die Volksdemokratie anzustreben, die sich erst nach Erschöpfung aller ihrer Möglichkeiten in eine sozialistische Gesellschaft verwandeln werde.

Bereits in seiner Rede auf einer Konferenz von Funktionären der Slowakischen KP in Kaschau hatte *Gottwald* am 8. April 1945 über die Aufgaben im gegenwärtigen revolutionären Prozeß gesagt:

Soll das heißen, daß heute schon die Zeit gekommen ist, als erstes Nahziel die Sowjetrepublik, den sozialistischen Staat, anzupeilen? Nein, dies wäre im Gegeteil ein großer strategischer Fehler, wenn die Partei derartige unmittelbare Perspektiven ins Auge faßte . . .[89])
Nun zu unserer Taktik und Strategie gegenüber andern Klassen und sozialen Schichten. Unsere Taktik ist und bleibt auf absehbare Zeit die Taktik der Nationalen Front, der nationalen Einheit. Die Nationale Front errichten wir nicht auf der Basis unseres kommunistischen Programms, dessen Ziel der Sowjetstaat und der Sozialismus ist, sondern auf der Plattform des Regierungsprogramms.[90])

Drei Monate später bekräftigte er in einem Vortrag vor Funktionären des Prager Bezirks: „Es gilt, sich immer wieder dessen bewußt zu bleiben, daß wir in der gegebenen Etappe die Linie der nationalen und demokratischen Revolution verfolgen, nicht die Linie der sozialistischen Revolution.“ [91])

Der Begriff „Sozialismus“ deckte sich in der KPČ mehr oder minder mit der Vorstellung vom Sowjetsozialismus, besonders mit den Vorstellungen von der sozialen, ökonomischen und politischen Struktur der sowjetischen Gesellschaft. Es kann berechtigterweise vorausgesetzt werden, daß auch *Gottwald* von diesen Vorstellungen ausging, als er im Streitgespräch mit *Stránský* im April 1945 in Kaschau erklärte, der Begriff Sozialismus sei „absolut eindeutig“, so, daß es „objektive Kriterien“ für seine Bestimmung gäbe.[92])

Das Wesen der antifaschistischen Konzeption, das Interesse an der Einheit aller antifaschistischen Kräfte, blieben in der ersten Zeit nach Kriegsende erhalten. Die Idee von den zwei Phasen der Revolution wurde wiederholt in den Reden der führenden Männer der kommunistischen Parteien in den volksdemokratischen Ländern abgewandelt. Über sozialistische Ziele sprach man in dieser ersten Etappe sehr wenig. Die KPČ konzentrierte sich vor allem darauf, Wege zu diesem Ziel zu suchen und Machtpositionen zu gewinnen, zu festigen und zu erweitern. Über die Notwendigkeit, eigene Wege und Methoden zu suchen, sagte *Gottwald* in dem erwähnten Vortrag vor kommunistischen Prager Funktionären:

Im ganzen machen wir in unserer Republik eine eigenartige Entwicklung durch, die sich in keine Schablone zwängen läßt und bei der wir unsere eigenen Wege suchen müssen, unsere eigene Methode, unsere eigene tschechische und slowakische Politik ... Unser Regime ist ein Regime der nationalen und demokratischen Revolution, von einem spezifischen, geradezu tschechoslowakischen Typus. Die weitere Entwicklung hängt davon ab, ob wir sie so wie bisher auch weiterhin werden modifizieren können, wobei wir immer von unseren eigenen Verhältnissen ausgehen müssen.[93])

Im Zusammenhang mit dem verschärften politischen Kampf in der zweiten Hälfte des Jahres 1946 erklangen in der KPČ Stimmen der Unzufriedenheit; man rief nach radikaler Auseinandersetzung mit der „Reaktion“ und nach dem „Weg der russischen Revolution“.[94]) Den Ungeduldigen und Radikalen antwortete *Gottwald* auf der Sitzung des ZK der KPČ im September 1946:

Wir halten an einer Sache fest, die unter allen Völkern Anklang findet, wir wollen Konsolidierung, Frieden ... Es ist zu verstehen, daß die Völker nach einem so furchtbaren Krieg, wie es der letzte Weltkrieg war, gar nicht anders können, als sich nach Frieden sehnen. Es ist daher für unsere Einstellung wichtig, Gaukelei und Realität auseinanderhalten zu können und vor uns eine klare Perspektive zu sehen.

... wenn eine gewisse Unzufriedenheit auftritt, hat sie, wie ich meine, einerseits eine lobenswerte Ursache – gute Kommunisten, alte wie junge, fürchten, die Partei könnte verraten, die Partei könnte in eine Sackgasse gelangen, sie könnte sich verkaufen. Das ist lobenswert und begreiflich. Inwieweit die innerparteiliche Kritik diese Quelle hat, ist sie berechtigt und gesund.

Gottwald warnte jedoch die Partei vor denen, die „alles kahlhauen möchten“:

Wir müssen acht geben, daß uns die Linken, das sogenannte kleinbürgerliche, wildgewordene, oft trotzkistische Element nicht vom rechten Weg der breiten Nationalen Front, vom Weg einer großen, verantwortungsbewußten Partei abdrängen.[95])

Das Konzept war die Verteidigung einer schrittweisen, friedlichen Entwicklung der Revolution, eines schrittweisen, friedlichen Aufbaus des Sozialismus. Man ging von der Überzeugung aus, daß die Kommunisten fähig sein würden, dem Volk zu beweisen, daß sie eine schöpferische Kraft seien (als Antwort auf das Argument der Gegner, die Kommunisten könnten wohl zerstören, nicht jedoch Neues erschaffen), die sehr wohl die breitesten Schichten des Volkes zur Errichtung einer besseren Gesellschaftsordnung vereinigen könne, eine Kraft, die eine besser funktionierende Volkswirtschaft als die Bourgeoisie zu organisieren imstande sei.

Die Führung der KPČ glaubte fest an den Erfolg des Zweijahresplans. Dieser Erfolg, so hieß es, werde dem Sozialismus in der ČSR Tür und Tore öffnen. Dieser Gedanke wiederholte sich in vielen Reden *Gottwalds*. Auf der Januartagung des ZK 1947 meinte er: „Das Volk wird schließlich das, was wir tun, richtig einschätzen. Es ist doch nicht blind und erkennt, was für einen aktiven Anteil diese oder jene Partei an diesem Werk (dem Zweijahresplan — R. K.) hat. In dieser Sache müssen mehr als sonstwo wirkliche Arbeit und nicht bloße Worte und Phrasen gesehen werden.“ [96])

Die Überzeugung, daß die schöpferische erfolgreiche Arbeit der Kommunisten zur Entfaltung der Republik den Weg zum Sozialismus erschließe, ist eines der Grundelemente im Konzept vom spezifischen Weg der Tschechoslowakei zum Sozialismus.

Die neuen Wege zum Sozialismus seien von *Stalin* selbst gesegnet worden, behaupteten viele führende Köpfe in den kommunistischen Parteien. Auf der Tagung des ZK der KPČ im September 1946 berief sich *Gottwald* auf die Autorität *Stalins* zur Bestätigung der Richtigkeit des „spezifischen Wegs“ der Tschechoslowakei zum Sozialismus:

Ich habe mit Stalin während meines letzten Besuchs in Moskau gesprochen. Genosse Stalin hat mir damals gesagt, daß – wie die Erfahrungen gezeigt und wie die Klassiker des Marxismus-Leninismus gelehrt hätten – nicht nur ein Weg allein existierte, der über die Sowjets und die Diktatur des Proletariats führt, sondern es könnte bei bestimmten Konstellationen auch einen anderen Weg geben. Und Genosse Stalin sagte mir: Gerade jetzt, nach der Niederlage Hitler-

Deutschlands, nach dem zweiten Weltkrieg, der einerseits soviel Opfer gefordert und andererseits in so vielen Ländern die herrschende Klasse demaskiert hat, sei das Selbstbewußtsein breiter Volksmassen gestiegen. Bei solchen geschichtlichen Gelegenheiten böten sich viele Möglichkeiten und Wege für die sozialistische Bewegung. Als Beispiel führte er Jugoslawien, Bulgarien, Polen und ausdrücklich auch unser Land an, wo ein spezieller Weg zum Sozialismus möglich sei, ein Weg, der nicht über das Sowjetsystem und über die Diktatur des Proletariats führen müsse, sondern über andere Wege ablaufen könnte ...[97])

Weitere Reden *Gottwalds* hatten den gleichen Tenor. Auf einem Funktionärsmeeting am 4. Oktober 1946 in der Prager „Luzerna" betonte er erneut:

... „wir gehen unseren eigenen spezifischen Weg" und „es existiert auch ein anderer Weg zum Sozialismus, als über die Diktatur des Proletariats und die sowjetische Staatsordnung ..." „Zeichen dieses Weges sind: die strukturelle Veränderung in unserer Staatsverwaltung durch den Abbau des alten bürokratischen Systems und den Aufbau einer neuen Verwaltung auf der Volksbasis der Nationalausschüsse, weiter die Nationalisierung, die die Wirtschaftsmacht in die Hände der Werktätigen überführte und schließlich die Nationale Front, der Bund von Arbeitern, Bauern und werktätiger Intelligenz, geführt von einer starken Kommunistischen Partei, die ihren Primat nicht nur in den Reihen der Arbeiter, sondern auch unter der Bauernschaft zu erringen verstanden hat." [98])

Auch auf der Sitzung des ZK der KPČ im Januar 1947 berief sich *Gottwald* auf seine Darlegungen zur Problematik des tschechoslowakischen Wegs zum Sozialismus vom September 1946.[99])
Ähnliche Äußerungen finden wir in dieser Zeit auch bei anderen führenden Personen der kommunistischen Parteien in den volksdemokratischen Staaten oder bei *Thorez* in Frankreich. Auf *Stalins* Bemerkungen über die Möglichkeit anderer Wege zum Sozialismus, als es der sowjetische Weg gewesen war, bezog sich im August 1946 auch der Generalsekretär der Labour Party *Morgan Phillips*.[100])
Bei vielen tschechoslowakischen Historikern herrscht auch in den letzten Jahren die Meinung vor, *Stalin* habe sich durch die Be-

tonung der Möglichkeit eines spezifischen Weges zum Sozialismus u. a. bemüht, die antifaschistische Koalition vor dem Zerfall zu bewahren, der schon unausweichlich erschien. Nach der Verdrängung der französischen und italienischen Kommunisten aus der Regierung (und der Repräsentanten der Rechten wiederum aus den Regierungen in Ungarn und Rumänien) tauchten bei *Stalin* Gedanken über die Möglichkeit eines anderen als sowjetischen Weges zum Sozialismus oder Formulierungen eines Weges ohne Diktatur des Proletariats nicht mehr auf. Die Schuld an der Vorbereitung des Kalten Kriegs wird — ohne daß etwa die Ziele der UdSSR und Stalins verschönert würden — den USA zugeschoben, die das Monopol der Atomwaffen zur Ausübung politischen Drucks und zum Stoppen der weiteren Entwicklung der Revolution nutzen.[101])

In der KPČ herrschte jedoch noch zum Jahreswechsel 1946/47 die optimistische Vorstellung vor, daß die Kommunisten in den nächsten Wahlen die Mehrheit gewinnen könnten, daß das „Volk die schöpferische und erfolgreiche Politik der KPČ einzuschätzen wissen werde". Als *Gottwald* auf der Septembertagung des ZK der KPČ 1946 über die Aussichten der nächsten Wahlen sprach, setzte er als Nahziel nicht nur mehr 38 %, sondern 60 % aller Stimmen zu gewinnen. Im Januar 1947 verkündete er auf der Tagung des ZK die bekannte Parole „Um die Mehrheit des Volkes" und forderte eine „absolute, überwältigende Mehrheit" in den Wahlen. Diese Mehrheit sollte die Lösung des machtpolitischen Problems „wer - wen" näher rücken und damit die Entwicklung zum Sozialismus freimachen und beschleunigen.[102])

Die Orientierung auf die Erreichung der Mehrheit des Volkes in den Parlamentswahlen von 1948 war bereits auf der Sitzung des ZK der KPČ am 28. Mai 1946 behandelt worden, ehe sie nach der Tagung des ZK im Januar 1947 öffentlich verkündet wurde. Sie ging immer noch von der Vorstellung aus, der Sozialismus könne auf friedliche Weise, ohne Diktatur des Proletariats, errichtet werden — als Fortsetzung des bisherigen Wegs der demokratischen Revolution.

Kern der Erwägungen über „den spezifischen Weg" war offensichtlich die Frage der Beziehungen zu den nichtproletarischen Schichten in Stadt und Land. *G. Dimitroff* erklärte dazu:

Wenn bei uns in Bulgarien die Frage des Übergangs von der heutigen Gesellschaftsordnung zu einer neuen sozialistischen Ordnung gestellt wird, werden die Kommunisten, gestützt auf das Volk, die neue, sozialistische Gesellschaft mit den Bauern, Handwerkern und der Intelligenz als gemeinsames, gesamtnationales historisches Werk errichten.
Dieser Weg der gesellschaftlichen Entwicklung mag jemandem zu lange erscheinen. Er ist aber nicht nur möglich, realer, sondern für unser Volk auch schmerzloser. Darum sagen wir Kommunisten es offen und fürchten es nicht zu erklären, daß wir in der heutigen Situation gerade diesem Wege den Vorzug geben, weil er ein realisierbarer, schmerzloser Weg zum Sozialismus ist.[103])

Die Parole „Um die Mehrheit des Volkes" leitete eine Massenkampagne ein, deren Ziel es war, die Mitgliederbasis der KPČ bedeutend zu erweitern. Im August 1947 wurde sie durch *Gottwalds* Aufforderung, 1 500 000 KP-Mitglieder bis zur Wahl 1948 zu gewinnen, fixiert. Man setzte nämlich auf Grund der Erfahrungen vom Jahre 1946 voraus, daß die Mehrheit (was etwa drei Millionen Stimmen gleichkam) nur durch die angeführte Mitgliedszahl gewährleistet sei. Die Werbung konzentrierte sich insbesondere auf die Bauernschaft und auf die städtischen Mittelschichten, auf Frauen und Jugendliche. Sogar „größere" Bauern sollten von der Aufnahme in die Partei nicht ferngehalten werden. Es wurde ausdrücklich gewünscht, „geachtete" Angehörige der städtischen Mittelschichten (damit waren die örtlichen leitenden Beamten gemeint) aufzunehmen. *Gottwalds* Aufruf führte jedoch vor Februar 1948 zu keinem fühlbaren Zufluß aus der Bauernschaft und aus den Mittelschichten. In die Partei traten neue Schichten von Arbeitern und mittellosen Werktätigen ein, die mit der Politik der KPČ sympathisierten — und in bedeutender Zahl auch Familienangehörige von Kommunisten.

Wie stellte sich die KPČ den demokratischen Weg in Zukunft vor? Die führenden Repräsentanten betonten, sie hätten keineswegs die Absicht, die demokratischen Formen des staatlichen Lebens im Falle, daß sie die Mehrheit gewönnen, abzubauen oder die Pluralität der Ansichten in der Nationalen Front zu liquidieren; so *Gottwald* auf der Sitzung des ZK der KPČ am 4./5. Juni 1947:

Wir wollen die Mehrheit nicht etwa deshalb, um Druck der 51 gegen die 49 Prozent auszuüben, sondern um größeres Gewicht und Geltung zu haben. Wenn sie sagen, wir würden dann nicht mit ihnen sprechen, ist das nicht wahr. Wir werden mit ihnen sprechen, aber anders als heute ...[104])

Ähnliche Gedanken drückte auch *R. Slánský* aus:

Sonderbarerweise wirft man uns vor, wir wollten die Demokratie dadurch bedrohen, daß wir versuchen, in freien und demokratischen Wahlen für unsere staatserhaltende und konstruktive Politik möglichst viele Befürworter, die Mehrheit der Wähler, zu gewinnen ... Warum wirft man gerade uns vor, daß wir uns ein derartiges Ziel gesetzt haben? Wir haben nie und nirgendwo gesagt, daß wir – sollten wir die Mehrheit erringen – die Politik der Nationalen Front zu verlassen gedächten. Im Gegenteil, Genosse Gottwald unterstreicht immer wieder, daß wir die Nationale Front erhalten und stärken wollen.[105])

Diese Beteuerungen überzeugten die Partner in der Nationalen Front nicht recht. *Gottwalds* Aufruf „Um die Mehrheit des Volkes“ rief bei den übrigen politischen Parteien erhebliche Unruhe hervor — es wurde darauf hingewiesen, daß ein derartiger Kurs für die demokratische Entwicklung der Republik gefährlich wäre, da er den Versuch der KPČ darstellte, im Lande ein totalitäres Regime zu errichten.

9. Veränderungen in der internationalen Landschaft und deren Einfluß auf die Verhältnisse in der ČSR

Neue weltpolitische Entwicklungen und das Problem der weiteren Anwendung des tschechoslowakischen außenpolitischen Konzepts, auf das sich einst die Vertreter der politischen Hauptkräfte geeinigt hatten, wurden ein wichtiges, entscheidendes Moment im inneren Differenzierungsprozeß der volksdemokratischen Tschechoslowakei.

Europa polarisierte sich langsam um die zwei Supermächte, die UdSSR und die USA — zuerst politisch, aber fast gleichläufig auch wirtschaftlich und militärisch. Die Tschechoslowakei befand sich in einer außerordentlich widersprüchlichen Lage: politisch und militärisch neigte sie zum Osten, wirtschaftlich (insbesondere der Außenhandel konnte für das Leben dieses Landes nicht unterschätzt werden) tendierte sie zum Westen.

Vor dem Hintergrund eines drohenden Atomkrieges und der ökonomischen Schwäche der osteuropäischen Länder begannen sich *Stalins* Tendenzen zur Zentralisierung der kommunistischen Bewegung, insbesondere der kommunistischen Parteien, die in den Regierungen der osteuropäischen Staaten vertreten waren, durchzusetzen. Daher stieß alles, was sich dieser zentralistisch aufgefaßten Zusammenarbeit der volksdemokratischen Länder mit der UdSSR entzog, auf dessen scharfen Widerstand. Das war im Falle Jugoslawiens offensichtlich und galt für dessen Bestrebungen, ein anderes Zentrum auf dem Balkan zu schaffen, wie die Gespräche zwischen *Tito* und *Dimitroff* im August 1947 auf der Insel Bled über eine Balkanförderation bewiesen. Zur Stärkung der zentralistischen Lenkung der Politik der Volksdemokratien wurde im September 1947 das Kominform gegründet. Auf der konstituierenden Sitzung konstatierte der sowjetische Delegierte *Schdanow*, daß die Welt in zwei Lager zerfallen sei und die Kommunisten dementsprechend handeln müssen. Das Kominform entstand auch als Antwort auf die Vielfalt der Wege zum Sozialismus in den volksdemokratischen Ländern; *Stalin* brauchte wenigstens einen Teilersatz für die aufgelöste Kommunistische Internationale.

Im Außenhandel der Tschechoslowakei machte der Anteil der westlichen kapitalistischen Staaten am Gesamtumsatz im Jahre 1945 57 % aus; im Jahre 1946 wuchs er auf 78 % und im Jahre 1947 erreichte er 86 %! Die außenpolitische Orientierung auf die kapitalistischen Märkte erreichte ein Ausmaß, das den Kommunisten für das Programm der Sozialisierung der ČSR untragbar erscheinen mußte. Noch 1946 hatte sich die UdSSR an zweiter Stelle unter den Handelspartnern der ČSR befunden — 1947 war sie schon auf die sechste Stelle zurückgefallen. Die meisten Unternehmen des Außenhandels waren in Privathänden und die UdSSR bot aus der Sicht der Privatunternehmer keine günstigeren Handelsbedingungen. Für kaufmännische Verhandlungen und Handelsbeziehungen mit der Sowjetunion gab es Schwierigkeiten mannigfaltigster Art. Sie betrafen die Preispolitik, die ungenügend entwickelten Verkehrsbeziehungen, die Qualität sowjetischer Erze und die langen Lieferfristen für tschechoslowakische Maschinenbauerzeugnisse (Schienen, Röhren) u. a. m.[106])

Als es 1947 die Tschechoslowakei auf direkten Druck *Stalins* abgelehnt hatte, dem Marshallplan beizutreten, wurde die tschechoslowakische Außenhandelsorientierung eine Frage im innerpolitischen Kampf. In dieser Zeit wurde auf Drängen der KPČ das Terrain für erweiterte Handelsbeziehungen mit einigen volksdemokratischen Staaten und der Sowjetunion vorbereitet. Die Ausarbeitung des tschechoslowakisch-sowjetischen, langfristigen Handelsvertrags in der zweiten Hälfte 1947 und schließlich seine Unterzeichnung im Dezember 1947 hatten ihren deutlich politischen Aspekt. Im Zusammenhang mit der katastrophalen Mißernte wurde der Einkauf von Getreide im Ausland eine politische Angelegenheit. Die Lieferungen von sowjetischem Getreide wurden so als Beispiel für „die uneigennützige brüderliche Hilfe“ im Gegensatz zu den „imperialistischen Zielen der US-Politik gegenüber den vom Krieg erschöpften Nationen Europas“ vermittels des Marshallplans dargestellt.

Die Vorstellung *Dr. Beneš's* und einiger Politiker des tschechischen Sozialismus vor 1947 von der Politik „der Brücke" war eng verknüpft mit der Hoffnung auf engere Zusammenarbeit mit Frankreich. Dafür gab es im wesentlichen zwei Gründe. Erstens war *Beneš* als Politiker nüchtern genug, Extreme abzulehnen, wie sie für ihn die amerikanische Politik bedeutete. Außerdem war ihm klar, daß im Vordergrund der Interessen Amerikas nicht die Tschechoslowakei stand, sondern Deutschland. In den USA rechnete man die ČSR bereits zum Einflußgebiet der UdSSR. Davon zeugte die grobe Politik der USA gegenüber der Tschechoslowakei, über die sich oft die nichtkommunistischen Politiker beschwerten und von der sie später in ihren Memoiren sagten, sie sei „eigentlich Wasser auf die Mühlen der Kommunisten" gewesen. Davon zeugt auch ein Gespräch *Jan Masaryks* mit Präsident *Truman* im Herbst 1947 in den USA, in dessen Verlauf der amerikanische Präsident bemerkt haben soll, im Falle der Besetzung der ČSR durch sowjetische Truppen oder bei anderen kommunistischen Aktionen könne die ČSR lediglich mit der moralischen Unterstützung der USA rechnen.[107])

Der zweite Grund war die selbständige Politik Frankreichs bis zum Jahre 1947. Der Versuch, die Rolle der „dritten Kraft" zu spielen, entsprach eher den Vorstellungen *Beneš's* vom „Mittelweg". Im Juni 1946 richtete *Jan Masaryk* nach Paris ein Angebot zum Abschluß eines tschechoslowakisch-französischen Bündnisvertrags, der die Formel „gegen Deutschland und jeden Staat, der sich mit ihm zur Aggression verbünden sollte" enthielt. Ihm stimmten auch die kommunistischen Minister zu.

Das Jahr 1947 begrub diese und ähnliche Vorstellungen. Die Kluft zwischen West und Ost war schon unüberbrückbar geworden. So lehnte die französische Regierung nach dem Scheitern der Moskauer Konferenz vom Frühjahr 1947 und hauptsächlich nach der Vertreibung der französischen Kommunisten aus der Regierung am 4. Mai 1947 den tschechoslowakischen Vertragsentwurf ab und reduzierte ihn auf die Verpflichtung, nur im Falle der

Aggression von seiten Deutschlands selbst zu Hilfe zu kommen — und dies nicht sofort, sondern erst nach vorangegangenen Konsultationen. Es ist interessant, daß zur selben Zeit die britische Regierung bestrebt war, aus dem sowjetisch-britischen Vertrag jene Bestimmungen zu streichen, die zur gemeinsamen Verteidigung nicht allein gegen Deutschland, sondern auch dessen Verbündeten verpflichteten. (Darum rieten auch in Moskau bei Beratungen über den tschechoslowakisch-französischen Vertragsentwurf die Sowjets, Prag solle keineswegs vom ursprünglichen Entwurfstext abrücken, andernfalls könnte die sowjetische Position im Streit mit Großbritannien geschwächt werden.) Im Osten wurden diese Verhandlungen als Anzeichen dafür interpretiert, daß man ernsthaft mit der Möglichkeit eines Krieges der USA und Deutschlands gegen die UdSSR zu rechnen begann und daß die europäischen Westmächte für diesen Fall nicht durch Verpflichtungen gebunden sein wollten, bei deren Erfüllung sie in Konflikt zu den USA geraten mußten.[108])

In dieser Situation lehnte die KPČ den ausschließlich gegen Deutschland gerichteten Vertrag ab, denn Deutschland allein stellte an sich keine Gefahr dar. Übrigens bekennt *Ripka* in seinen Memoiren, daß der Vertrag nur ein „Gegengewicht gegen den Einfluß Moskaus in der Tschechoslowakei" hätte sein sollen.

Die amerikanische Wirtschaftshilfe für das durch den Krieg in Mitleidenschaft gezogene Europa im Rahmen des Marshallplans stellte die tschechoslowakische Außenpolitik plötzlich vor eine grundsätzliche Entscheidung. Die ČSR benötigte einerseits notwendig die Wirtschaftshilfe (es war zu einer Zeit, als die amerikanische 50-Millionen-Dollar-Anleihe an die Tschechoslowakei schon ein Jahr gesperrt war und die Tschechoslowakei mit der Internationalen Bank um eine 350-Millionen-Anleihe verhandelte), andererseits war die ablehnende Haltung der Sowjetunion gegenüber dem Marshallplan eindeutig, seitdem *Molotow* am 2. Juli 1947 die Pariser Verhandlungen verlassen hatte.

Die offiziellen Einwände *Molotows* — so wie sie der tschechoslowakischen Regierung bekannt geworden waren — bestanden darin, daß die neue internationale Organisation des Marshallplans, wie *Molotow* erklärte, den Regierungen der europäischen Staaten übergeordnet sein sollte, in deren innere Angelegenheiten eingreifen und ihnen Anweisungen in Fragen der Entwicklung der entscheidenden Industriezweige geben konnte. Die Sowjets vermuteten als Ziel des Marshallplans nicht die wirtschaftliche Restauration Westeuropas, und insbesondere Westdeutschlands, sondern den Versuch, die sich vertiefenden Bande einiger volksdemokratischer Staaten, insbesondere Polens und der Tschechoslowakei, mit der Sowjetunion zu zerschlagen. Der Marshallplan ginge von der einfachen Kalkulation aus, daß diese Staaten Wirtschaftshilfe brauchten, die ihnen die Sowjetunion in ausreichendem Maße nicht hätte gewähren können.

Nach komplizierten Verhandlungen zwischen den Partnern der Nationalen Front über die Einstellung zum Marshallplan begab sich eine tschechoslowakische Regierungsdelegation am 9. Juli 1947 nach Moskau (*Gottwald* — KPČ, *Masaryk* — parteilos, *Drtina* — tschechischer Sozialist für den erkrankten *Ripka*) zu Gesprächen über einen langfristigen tschechoslowakisch-sowjetischen Handelsvertrag. Der Delegation, die schon seit April bereit war, war vom Kabinett auferlegt worden, sie solle mit den sowjetischen Repräsentanten auch über die Teilnahme am Marshallplan beraten. Genau am Tage der Abreise der Delegation lehnte Polen das amerikanische Angebot ab. In Gesprächen mit *Stalin* und *Molotow*, die zuerst *Gottwald* führte (*Stalin* soll *Gottwald* gröblichst kritisiert haben, daß die tschechoslowakische Regierung dazu eingewilligt habe, an den Verhandlungen über den Marshallplan teilzunehmen) und an denen sich schließlich die ganze Delegation beteiligte, brachten die sowjetischen Politiker ihren Standpunkt unmißverständlich zum Ausdruck: die Teilnahme am Marshallplan betrachteten sie als antisowjetischen Schritt, denn diese Aktion schien ihnen Teil der Formierung eines antisowjetischen Blocks unter besonderer Aufgabenstellung für Westdeutschland zu sein. Die Situation war so ernst, daß es niemand im tschechoslowakischen Kabinett wagte, am 10. Juli 1947 die Hand gegen den Vorschlag zu heben, den *Jan Masaryk* aus Moskau telegraphisch übermittelt hatte: die Nichtbeteiligung der ČSR an den Vorbereitungen des Marshallplanes.[109])

Wie *Bruce Lockhart* anführt, kritisierte damals *Dr. Beneš* in einem Gespräch mit ihm die Amerikaner: sie verständen Europa nicht und ihre Politik mit Einschluß des Marshall-Plan-Konzepts sei unintelligent:

Bedingung der Anleihe ist, daß der Staat, der sie bekommen soll, aus der Regierung alle kommunistischen Minister vertreiben muß. In einem Land mit einem derart empfindlichen Gleichgewicht wie die Tschechoslowakei, ist das unmöglich. Wenn die Amerikaner weise wären, wären sie sich dessen bewußt, daß sie den Kommunismus besser schlügen, wenn sie Anleihen solchen Regierungen gewährten, wie es die tschechoslowakische ist, wo die Kommunisten wohl stark sind, keineswegs jedoch die absolute Mehrheit haben. Mit einer Anleihe dieser Art würde die Tschechoslowakei einen derartig schnellen Schritt nach vorne machen, daß die Kommunisten in zwei Jahren unmöglich gemacht wären.[110])

Ripka beschrieb in seinen Memoiren die Bedeutung der Moskauer Verhandlungen für das weitere Geschick der ČSR:

Als Stalin am 9. Juli 1947 durch sein Veto (gegen den Marshallplan – R. K.) unserer Außenpolitik verwehrt hatte, sich nach eigenen Bedürfnissen und Interessen zu orientieren, war für mich eine Epoche zu Ende gegangen. Alle Hoffnung, daß wir uns mit der kommunistischen Welt einigen und zusammenarbeiten könnten, wurde hinfällig. Es blieb nichts anderes übrig, als von nun an eine feste Politik zu betreiben, die uns ermöglichen könnte, unsere Positionen so lange zu halten, bis uns die internationale Lage günstiger wäre.[111])

Was bedeutete das „bis uns die internationale Lage günstiger wäre"? Nur ein verändertes Kräfteverhältnis zwischen beiden Lagern hätte die letzte Hoffnung der nichtkommunistischen Opposition in der ČSR sein können (wobei — was immerhin eine Besonderheit war — diese Opposition an der Regierung beteiligt war). So orientierten sich schließlich die tschechoslowakischen Oppositionspolitiker auf eine kriegerische Auseinandersetzung der USA mit der Sowjetunion, die bereits Ende 1947 als möglich erschien. Von der Unausweichbarkeit des Konflikts war auch *Dr. Beneš* überzeugt. Davon zeugte seine Bemerkung in einem Gespräch mit einer Armeedelegation während der Februartage 1948, daß nämlich die tschechoslowakischen Ereignisse den „unausweichbar gewordenen" Weltkonflikt beschleunigen würden, sowie seine Äußerung im Gespräch mit *Gottwald* am 4. Mai 1948: „Ich sehe, was im Westen vorbereitet wird. Ich betrachte diese Dinge nicht so, wie einige Leute bei uns, mir bleibt die Sorge."[112]) *Ripkas* Memoiren zeigen am besten die Vorstellungen und Perspektiven der Oppositionspolitiker. Die Mutmaßungen über einen nächsten Krieg führten sie in erster Linie zur Ansicht, die ČSR würde im Falle eines Konflikts Teil des sowjetischen Verteidigungssystems werden, mit anderen Worten: wenn die Gefahr herangereift sei, würde Moskau von der Tschechoslowakei Besitz ergreifen und die ČSR würde in diesem Vorkriegs-Präludium wieder das Opfer werden. Daraus schlossen sie, die Welt müsse überzeugt werden, daß sich die Kommunisten der Tschechoslowakei nicht ohne Widerstand bemächtigt hätten und daß das kommunistische System nur mit Gewalt hätte inthronisiert werden können.

Und so war der Februar gar nicht so sehr ein Versuch, die Macht zu ergreifen und die Kommunisten zu verdrängen, weil ein Erfolg mehr als zweifelhaft gewesen wäre — sondern vielmehr jene „große Geste" im Vorfeld des Krieges, die der Welt zeigen sollte, daß die Eingliederung der Tschechoslowakei in das Moskauer Machtsystem nur gegen den Widerstand eines Teils der Nation möglich gewesen war. Charakteristisch ist ein Gespräch, das *Ripka* am 23. Februar 1948 mit *Dr. Beneš* führte und das er in seinen Memoiren so wiedergibt:

Die Lage würde sich in dem Augenblick ändern, in dem ein Konflikt zwischen Ihnen, Herr Präsident, und den Kommunisten ausbräche ... In diesem Falle würde es sich Moskau überlegen, ob es bis ans äußerste ginge und es wird unseren Kommunisten raten, sich zu mäßigen ...

Dr. Beneš gab dies zwar zu, wandte jedoch ein, die Möglichkeit sei nicht ausgeschlossen, daß dann sowjetische Truppen die Grenzen überschreiten würden. Darauf antwortete *Ripka*:

Was solls? In dem Falle ist es klar, daß wir verlieren. Aber die Nation und die ganze Welt werden sehen, daß wir der Gewalt unterlegen sind. Es wird evident sein, daß uns das kommunistische Regime aufgezwungen worden ist und daß die Tschechoslowakei Opfer einer Aggression geworden ist, der sie sich selbst nicht hatte erwehren können. Diese Niederlage führt zu einem neuen Sieg.[113])

Präsident *Beneš* sympathisierte mit der nichtkommunistischen Opposition und zog die Lösung der Februarkrise in die Länge; er war jedoch ein viel zu nüchterner Politiker (und dazu noch ernsthaft krank), dieses mit der Gefahr einer Waffenanwendung verbundene Hasardspiel bis zum Ende mitzumachen. Er fürchtete, daß ein großer Teil des Volkes sein Vorgehen nicht verstehen würde — er wünschte jedoch in die Geschichte der Tschechoslowakei als „Präsident-Erbauer“ einzugehen. Die Analogie mit der zweiten tschechoslowakischen Widerstandsbewegung aus der Zeit des Zweiten Weltkrieges in den Überlegungen der nichtkommunistischen Opposition erwies sich als Illusion, die von der künftigen Entwicklung nicht bestätigt wurde. Ihre Ratlosigkeit, ihre Machtlosigkeit und Enttäuschungen wegen des Vorgehens *Dr. Beneš's* in den Februartagen 1948 schildert einer der eingeweihten Teilnehmer — der leitende Funktionär der tschechischen sozialistischen Partei *Julius Firt* — in seinen vor kurzem veröffentlichten Memoiren.[114])

Eine der Hauptursachen für die Februarkrise 1948 in der ČSR bestand in der damaligen internationalen Situation. Dieser Einfluß wirkte nicht etwa unmittelbar, sondern er wurde immer durch einen bestimmten Mechanismus internationaler Beziehungen vermittelt, der aus dem sich immer mehr vertiefenden Zerwürfnis zwischen Osten und Westen entstanden war und der sich mit der Eskalation der Kriegspsychose weiter entwickelte. Die Aktion der nichtkommunistischen Opposition war nicht nur mit *Dr. Beneš*, sondern auch mit westlichen Diplomaten beraten wor-

den; der eilige Rückflug des amerikanischen Botschafters *Steinhart* nach Prag war ebensowenig ein Zufall, wie die Ankunft des sowjetischen Vertreters *Sorin*, des früheren Botschafters in der ČSR und damaligen Stellvertretenden Außenministers der UdSSR, beim Kongreß des Verbandes der tschechoslowakisch-sowjetischen Freundschaft. Es war, als ob diese beiden Männer, die am 19. Februar 1948 in kaum zweistündigem Abstand auf dem Prager Flugplatz Ruzyně eintrafen, das zwiespältige Interesse zweier Machtsphären am heranreifenden Zusammenstoß symbolisierten. Es ist anzunehmen, daß der Westen — insbesondere die USA — Interesse vor allem daran hatten, daß die oppositionellen Minister mit größtmöglichem Krach die Szene verließen bzw. daß ihre Demission zu Unruhen und Zusammenstößen jeder Art führten. Trotz der Kriegspsychose konnte die Opposition jedoch nicht mit einer militärischen Intervention oder gar mit einem Krieg des Westens gegen die UdSSR rechnen.
Ein eminentes Interesse an der Lösung der Situation in der ČSR hatte begreiflicherweise auch die Sowjetunion. Zur Zeit, als das Kominform seine Tätigkeit aufnahm, war die Machtfrage bereits in allen volksdemokratischen Staaten beantwortet — mit Ausnahme der Tschechoslowakei. Wie sich die internationale Lage änderte und die Drohung einer kriegerischen Auseinandersetzung in Greifweite rückte, verlor *Stalin* sein Verständnis für die besonderen Wege zum Sozialismus und offensichtlich war das Bestreben vorherrschend, nur ein einziges Modell des Sozialismus anzuwenden: das sowjetische.

10. Der Februar 1948 und der tschechoslowakische Weg zum Sozialismus

Gleichzeitig mit der verschlechterten internationalen Lage verschärfte sich auch der innerpolitische Kampf in der ČSR. Die Dürre und die katastrophale Mißernte 1947 trugen dazu bei. Die Regierung beschloß auf ihrer Sitzung am 2. September 1947, den Bauern in Anbetracht dessen Sonderzuschüsse zu den Einkaufspreisen von Getreide zu gewähren. Bei den Verhandlungen über finanzielle Deckung für diese Zulagen und die erhöhte Einfuhr von Getreide und Futtermitteln (es waren 6,5 Milliarden Kčs vonnöten), entfesselte sich ein ungemein heftiger Kampf zwischen den politischen Parteien. Die Kommunisten schlugen eine Vermögenssonderabgabe für die etwa 35 000 Millionäre vor (die sogenannte Millionärsabgabe), deren Eigentum auf etwa 50 Milliarden Kčs geschätzt worden war.

Nach harter Diskussion wurde der kommunistische Vorschlag mit den elf Stimmen der tschechischen Sozialisten, den Angehörigen der Volkspartei und der slowakischen Demokraten abgelehnt. *Laušman*, der einzige, der von den Sozialdemokraten an der Abstimmung teilnahm, enthielt sich der Stimme. Mit Stimmengleichheit wurde hingegen der Vorschlag angenommen, die Zuschüsse an die Landwirte dem Staatshaushalt zu entnehmen. Die Kommunisten lehnten es ab, sich diesem Regierungsbeschluß zu unterwerfen. Sie veröffentlichten am 3. September 1947 im Rudé právo die Namen der Minister, die gegen die Einführung der Millionärsabgabe gestimmt hatten und beschlossen, die Frage dieser Sonderabgabe dem Parlament vorzulegen. Sie wollten damit zeigen, „welche Minister, vor allem aber welche Abgeordneten das Interesse von Staat und Nation oder welche das Interesse von 35 000 Millionären höher schätzten“. Unter dem Druck „von unten“ gelang es den Kommunisten, eine Änderung herbeizuführen — am 21. Oktober 1947 beschloß die Regierung und am 31. Oktober die Nationalversammlung das Gesetz über die einmalige außerordentliche Abgabe von Millionärsvermögen und außergewöhnlich hohen Gewinnen — hier zeigte sich die tiefe Krise der Nationalen Front.

Die KPČ nutzte propagandistisch sowohl die Millionärsabgabe wie auch die Anlieferung von 400 000 Tonnen Brot- und 200 000 Tonnen Futtermehl aus der Sowjetunion geschickt aus. Auf Grund eines fünfjährigen Handelsvertrags, der am 11. Dezember 1947 in Moskau unterzeichnet wurde, verpflichtete sich die Tschechoslowakei als Gegenleistung für das importierte Getreide Erze u. a., insbesondere Erzeugnisse der Hütten, der Textilindustrie und des Maschinenbaus, an die Sowjetunion zu liefern.

In einem Bericht des Amts des Bevollmächtigten für innere Angelegenheiten vom 16. September 1947 wurde in Silein (Žilina) eine Verschwörung gegen die Republik entlarvt; am 22. September erklärte die gleiche Stelle, in Preßburg sei eine weitere staatsfeindliche Verschwörung entdeckt worden, in die führende Persönlichkeiten der Demokratischen Partei verwickelt seien. Die Verhaftung der führenden Funktionäre der Demokratischen Partei, die vor 1945 Funktionäre der (faschistischen) Volkspartei gewesen waren, war nur der Prolog zu dem großen politischen Kampf, der in den folgenden Monaten entbrannte. Unter den Inhaftierten befanden sich u. a. die Generalsekretäre der Partei *Dr. Miloš Bugár* und *Dr. Ján Kempný* und einige hohe Beamte der Behörden, der Bevollmächtigten und des Slowakischen Nationalrats, einige höhere Offiziere und Redakteure der Parteizeitschriften. Als Hauptperson der ganzen „Verschwörerorganisation" wurde *Otto Obuch* bezeichnet, Pressereferent im Kabinett des stellvertretenden Ministerpräsidenten für die Demokratische Partei *Ursíny*.

Die Demokratische Partei leugnete entschieden die auch nur indirekte Beteiligung an der Verschwörung und bezeichnete die ganze Aktion als „Angriff der Kommunisten gegen die Demokratie". Jedoch selbst die Solidarität der tschechischen politischen Parteien — der Volkspartei und der tschechischen Sozialisten — bewahrte die Demokratische Partei nicht vor der Katastrophe.[115]) Unter dem Druck der Ermittlungen, die in dieser Affäre eingeleitet worden waren, verzichtete der stellvertretende Ministerpräsident *Ursíny* am 30. Oktober 1947 auf sein Amt, vier Personen aus dem neunköpfigen Parteivorstand verloren ihre Funktion *(Bugár, Hodža, Kempný, Ursíny)*. Im Verlaufe der Kampagne, die von den Kommunisten gegen die Demokratische Partei entfesselt wurde (nach außen hin war diese Aufgabe den Gewerkschaften, den ehemaligen Partisanen u. a. Organisationen überlassen worden), gelang es der Kommunistischen Partei nach einem einstündigen Generalstreik am 5. November 1947 mit der Forderung, das Kollegium der Bevollmächtigten zu reorganisieren, die Demokratische Partei zur Kapitulation zu zwingen. Die Demokratische Partei verlor die absolute Mehrheit (von neun Ressorts verblieben ihr nur sechs). Besonders hart wurde vor allem der katholische Flügel der Partei betroffen. Neu waren im Kollegium der Bevollmächtigten die Freiheitspartei und die Slowakische Sozialdemokratie (die ehemalige Partei der Arbeit) vertreten; zwei Ressorts wurden von Fachleuten wahrgenommen. Die slowakische Kommunistische Partei stellte nunmehr den Vorsitzenden (*G. Husák*) und vier Bevollmächtigte. Damit waren die Wahlergebnisse von 1946 in der Slowakei grundsätzlich verkehrt worden.

Von Ende 1947 an wurden erbitterte Kämpfe um jede Frage auf politischem oder wirtschaftlichem Gebiet geführt. Die Periode der Zusammenarbeit der Parteien der Nationalen Front, die schon vorher ohnehin nicht konfliktlos gewesen war, war anscheinend definitiv zu Ende gegangen. Die Situation wurde für die Kommunisten komplizierter, nachdem auf dem Parteitag der Sozialdemokratie Mitte November 1947 *Bohumil Laušman* an *Fierlingers* Stelle die Parteiführung übernommen hatte. Von nun an konnten sie nicht mehr mit der eindeutigen Unterstützung der Sozialdemokraten in der Regierung und im Parlament rechnen, was sich übrigens bereits vor dem Brünner Parteitag gezeigt hatte. Die vorbereitenden legislativen Arbeiten, die die Basis für die Verwirklichung einiger wichtiger Aufgaben des Regierungsprogramms vom Juni 1946 abgeben sollten, gingen nur schleppend voran oder stagnierten; z. B. das Gesetz über eine neue Bodenreform oder der Entwurf der neuen Verfassung, insbesondere die Abschnitte über die Nationalausschüsse, über die Regelung der Beziehungen zwischen Tschechen und Slowaken, über die Verstaatlichung und über die gegenseitigen Beziehungen der einzelnen Wirtschaftssektoren, über die staatsbürgerlichen Rechte usw. Die Sitzung des ZK der KPČ am 27. und 28. November 1947 befaßte sich mit der ernsten politischen Lage im Lande. *Gottwald* erklärte, daß es Ziel der „Reaktion" sei, die Tätigkeit der Regierung, des Parlaments und der übrigen Organe zu lähmen, um sie im geeigneten Augenblick überhaupt arbeitsunfähig zu machen, eine Regierungskrise hervorzurufen und den Versuch zu unternehmen, eine Beamtenregierung zu bilden. *Gottwald* richtete scharfe Warnungen an die nichtkommunistische Opposition. In einer publizierten Rede hieß es:

Politisch gesehen, müßte ein derartiger Schritt als Versuch um einen reaktionären Putsch angesehen werden, als Versuch um einen reaktionären Staatsumsturz. Auf einen solchen Schritt müßte eine gehörige, für die Reaktion vernichtende Antwort gegeben werden ... Ein Versuch, das Jahr 1920 wiederholen zu wollen (die Demission des sozialdemokratischen Ministerpräsidenten Vlastimil Tusar und die Beauftragung der Beamtenregierung Černýs – R. K.), wäre für die Reaktion mit tödlichem Risiko verbunden ...[116])

Auf einer Konferenz der ideologischen und pädagogischen Mitarbeiter der KP am 9.—11. Januar 1948 wurde dem Parteiaktiv die Linie des weiteren Vorgehens der KP erläutert. *Gustav Bareš* „Unser Weg zum Sozialismus" forderte in seinem Referat:

... „die Reaktion zu isolieren und aus den Reihen der NF zu verjagen"; durchzusetzen, daß „sich die NF nicht mehr allein auf die politischen Parteien stützt, sondern – wie es bereits im Kaschauer Regierungsprogramm ausgedrückt ist – auch auf alle allgesellschaftlichen Organisationen, besonders auf die Einheitsgewerkschaften, den allgemeinen Bauernverband, den Tschechischen Jugendverband, die Genossenschaften usw. ..." „Unser Ziel ist die Erneuerung der Nationalen Front ..." [117])

Auf dem Gebiet der Wirtschaftspolitik verschob sich im Vergleich zum Jahre 1946 die Orientierung der KPČ. Jetzt sprach man nicht mehr von der Harmonie zwischen den einzelnen Wirtschaftssektoren. Das Referat *L. Frejkas* „Die tschechoslowakische Wirtschaft auf dem Wege zum Sozialismus“ verdeutlichte dies: „Die Existenz des privatkapitalistischen Sektors entspricht grundsätzlich nicht der politischen Struktur der Volksdemokratie . . ., in einer Wirtschaft, die den Interessen des Volkes dient, ist der privatkapitalistische Sektor ein Fremdkörper.“ [118]) Bei der Behandlung der Aufgaben der Wirtschaftspolitik führte *Frejka* aus:

Die Sabotagetätigkeit, die in diesem Jahre der Mißernte von den Kapitalisten entwickelt worden ist – insbesondere auf dem Gebiet der Versorgung und Ernährung –, hat uns davon überzeugt, daß sie ein Fremdkörper in unserer volksdemokratischen Wirtschaft sind. Es läßt sich leider nicht voraussetzen, daß ihre Sabotagen nach der Überwindung der Folgen der Mißernte aufhören und daß sie nicht jede Gelegenheit wahrnehmen werden, die sich ihnen dazu bietet. Das zwingt die Volksdemokratie, einen konsequenten, tagtäglichen und konkreten Kampf gegen die privatkapitalistischen Träger der Reaktion zu führen.[119])

Auf dieser Konferenz bereiteten die Kommunisten den Angriff gegen die übriggebliebenen ökonomischen Positionen der Bourgoisie vor. Am 9. Februar 1948 forderte die KPČ öffentlich die weitere Verstaatlichung — und zwar aller Unternehmen mit mehr als 50 Arbeitnehmern. In der Revolutionären Gewerkschaftsbewegung ROH wurde auf Initiative der KP-Vertreter beschlossen, einen gesamtnationalen Kongreß der Betriebsräte mit dem Ziel einzuberufen, die Forderung der weiteren Nationalisierung zu unterstützen. Um die Forderung auf dem Gebiet der Landwirtschaft durchzusetzen, wurde ein Kongreß der Bauernkommissionen einberufen. Beide Kongresse sollten sich als mächtige Pressionshebel der KPČ bei der Lösung der Gesellschaftskrise in den Februartagen 1948 erweisen. Es war nur mehr eine Frage von Zeit und Gelegenheit, wann es zum Entscheidungskampf zwischen den Kommunisten und der nichtkommunistischen Opposition kommen würde. Die Gelegenheit ergab sich schon rasch. Am 13. Februar behandelte das Kabinett die Frage der Versetzung einiger nichtkommunistischer Polizeioffiziere (SNB). Als die Kommunisten in dieser Frage nicht bereit waren, nachzugeben, reichten die Minister der tschechischen Sozialisten, der Volkspartei, der slowakischen Demokraten und der Sozialdemokrat *Majer* am 20. Februar 1948 ihre Demission ein. Nach mehrtägigem Zögern, in einer Atmosphäre von Angst und Pressionen, von Massendemonstrationen, Generalstreik und der Entstehung bewaffneter Arbeitermilizen kapitulierte *Beneš*, nahm die Demission der Minister an und ernannte eine neue von *Gottwald* geführte Regierung der „Erneuerten Nationalen Front". Alle Schlüsselpositionen übernahmen die Kommunisten; die Vertreter der übrigen Parteien wurden zur Rolle von Statisten verurteilt. Damit endete die erste Etappe der Nachkriegsentwicklung; auch in der Tschechoslowakei als letztem Land aller volksdemokratischen Länder Osteuropas hob die Ära des Machtmonopols der Kommunisten an. Welches Schicksal würde dem tschechoslowakischen Weg zum Sozialismus beschieden sein?

Der Februar löste besonders in den Reihen der aktiven KP-Mitglieder einen Begeisterungstaumel aus. Man begann die eigenen Kräfte zu überschätzen. Die glatte Niederlage der nichtkommunistischen Opposition begünstigte vereinfachte Vorstellungen von der künftigen Entwicklung — die KPČ hatte kein genaueres Vorstellungsbild vom Sozialismus, sie wurde sich erst langsam der neuen Lage bewußt.

Die faktische Entwicklung hatte das theoretische Konzept überholt. Der Februar 1948 und die ersten Maßnahmen nach dem Februar entsprachen keineswegs den ursprünglichen Vorstellungen von einem friedlichen parlamentarischen Weg. Als *Gottwald* Anfang 1947 die Parole „Für die Mehrheit des Volkes" verkündet hatte, war mit dem Sieg der KPČ in freien Wahlen gerechnet worden. Der Februar griff fühlbar in die Ansichten und Vorstellungen der KP-Führung ein — er verwandelte die ursprünglichen Ideen, die tschechoslowakische Gesellschaft auf dem Weg der befristeten Zusammenarbeit mit einem Teil der Bourgeoisie zum

Sozialismus zu führen. Diese Vorstellungen, mögen sie auch noch so nebulös gewesen sein, bildeten wenigstens die groben Konturen eines „tschechoslowakischen besonderen Wegs". Nun war plötzlich der Gegensatz zwischen „Proletariat und Bourgeoisie" im politischen Bereich gelöst. In dieser Situation verquickten sich zwei Entwicklungstendenzen: der bisherige „spezifische Weg" und die Tendenz zur Sowjetisierung.

Unmittelbar nach dem Februar sprach *R. Slánský* auf einer Beratung der Bezirkssekretäre der KPČ über die weiteren Aufgaben: „Wir werden weiter auf dem bisher eingeschlagenen Weg des friedlichen Erbauens des Sozialismus fortschreiten . . ." [120]) Auch in den führenden Parteikreisen herrschte weiterhin die Vorstellung vor, der Februar ändere nichts am friedlichen Weg zum Sozialismus; viele kommunistische Abgeordnete vermuteten, im Parlament würden auch weiterhin ähnliche politische Kämpfe vor sich gehen wie vor dem Februar; ein Teil des Parteikerns in Bezirken und Kreisen begrüßte keineswegs begeistert den neuen Wahlmodus mit einer einheitlichen Kandidatenliste. Weder Funktionäre noch Mitglieder vergaßen so schnell die Vorstellung von „einem tschechoslowakischen Weg zum Sozialismus ohne Diktatur des Proletariats und ohne Sowjets und Kolchose", wie dies doch zwischen 1945—1948 so oft von den höchsten Parteifunktionären wiederholt worden war.

Die führenden Persönlichkeiten der nichtkommunistischen Parteien begriffen die Februarkatastrophe; viele flüchteten ins Ausland. In dieser Zeit raffte sich die Opposition nirgends zu einem sichtbaren Widerstand auf. Aus der zweiten Führungsgarnitur der nichtkommunistischen Parteien gelang es den Kommunisten, eine Gruppe Politiker zu gewinnen, die bereitwillig die Posten von Ministern und andere hohe Funktionen in der „erneuerten Nationalen Front" übernahmen. Nach außen hin sah vieles aus, als ob eigentlich die Kontinuität in der Entwicklung der Volksrepublik gewahrt bliebe — in Wirklichkeit veränderte sich grundlegend der Inhalt der Tätigkeit des Staates — es änderte sich im wesentlichen das gesamte gesellschaftliche System.

Kurz nach dem Februar, am 10. 3. 1948, faßte Ministerpräsident *Klement Gottwald* die Hauptaufgaben der weiteren Entwicklung der Volksdemokratie in der Tschechoslowakei in einem Programm der „Erneuerten Nationalen Front“ zusammen. Daß Programme zu erfüllen seien, daß die „Februar-Forderungen“ der Arbeiter und Bauern zu verwirklichen seien und daß schließlich der Februarsieg zu sichern und zu festigen sei. Konkret bedeutete das: die Ausarbeitung einer neuen Verfassung, eine Bodenreform, ein Gesetz über die Nationalversicherung, Gehaltserhöhungen für Staatsangestellte und Beamte, Verstaatlichung des Großhandels und der Industrieunternehmen mit mehr als fünfzig Arbeitnehmern.

In den Februartagen entstanden Aktionsausschüsse der Nationalen Front mit der Hauptbestimmung, „die Säuberung des öffentlichen Lebens durchzuführen“. Die Aktionsausschüsse griffen in 28 000 Fällen ein — 5000 Personen legten Berufung ein, die übergeordneten Organe wiesen davon 4682 Berufungen ab, in 65 Fällen wurde der Berufung stattgegeben. In 135 Fällen wurden die Entschlüsse des zuständigen Aktionsausschusses geändert.[121])

Der Staatsapparat wurde grundlegend verändert. Führende Funktionen übernahmen Kommunisten — aber auch viele Angestellte und Beamte traten in die KP ein. So gab es z. B. im Landwirtschaftsministerium 1945 (mit einem kommunistischen Minister) 11 % Kommunisten, 1946 — 22 %, 1948 — 29 %, 1949 — 79 %![122]) Massenwerbung und politische Pressionen führten zu Masseneintritten in die Partei.

Die Säuberung des Wirtschaftsapparats verlief nach anderen Kriterien, da Wirtschaftsfachleute und Angehörige der technischen Intelligenzia nicht leicht zu ersetzen waren. Auf diese Unterschiede machten die Parteifunktionäre oft aufmerksam (z. B. *L. Frejka* auf den Konferenzen kommunistischer Volkswirte).[123]) Ähnliche Richtlinien gab auch *R. Slánský* den Parteifunktionären. Auf einer Beratung der Bezirkssekretäre am 1. 3. 1948 faßte er die Richtlinien zur Säuberung zusammen:

Wir müssen die Säuberung gründlich, entschlossen, aber mit Verstand, nicht unüberlegt, durchführen ... Wir dürfen überflüssigerweise keine Fachleute verlieren. Unterscheidet unter ihnen ... Macht es ihnen eventuell möglich, zu uns zu stoßen ... Wenn es ein guter Fachmann ist, kommt er zu uns – wir sind dazu da, ihn aufzunehmen.[124])

Parallel verlief dazu der Aufbau und die Reorganisation des Staatsapparates und seiner verschiedenen Organe. Das war ein weitgespannter Prozeß: in einigen zentralen Behörden wurden neue Abteilungen geschaffen, es wurden neue zentrale Behörden errichtet (Staatliches Planungsamt) oder bisherige Behörden aufgehoben oder mit anderen zusammengelegt.
Auf dem Parteitag in Kremsier (Kroměříž), im Sommer 1948, wurde die Vorbereitung zur Reorganisierung der Nationalausschüsse in Griff genommen: die Auflösung der Landesnationalausschüsse (des böhmischen mit dem Sitz in Prag und des mährisch-schlesischen mit dem Sitz in Brünn) und der Übergang zur Aufgliederung des Staatsgebietes in Bezirke. Wenn auch in der Diskussion über das Konzept der Nationalausschüsse der extreme Standpunkt einer Zentralisierung der Staatsverwaltung nicht den Sieg davontrug, blieben die Kompetenzen der Ministerien gegenüber den Bezirksausschüssen doch sehr erheblich und auch die Zentralisierung überbetont. Ähnlich war es auch mit dem Verhältnis der Bezirks-Nationalausschüsse gegenüber den Kreisausschüssen. Die Bezirksgliederung trat am 1. Januar 1949 in Kraft. In der Republik entstanden 19 Bezirke mit 364 Kreisen (an Stelle der früheren 251). Die Nationalausschüsse verloren sehr bald den Volkscharakter, den sie nach dem Kriege noch hatten und wurden gewöhnliche bürokratische Institutionen. Von einer Selbstverwaltung war keine Rede mehr.

Am 10. März billigten 230 anwesende Abgeordnete, von 300, das Regierungsprogramm. Vor dem Februar hatte das Parlament noch seine Kontrollfunktion gegenüber der Regierung ausgeübt; für die Regierung *Gottwald* war dies ein unüberwindliches Hindernis, da der oppositionelle Block schon gegen Ende die Mehrheit gehabt hatte. Nach dem Februar legten viele Abgeordnete ihr Mandat nieder, andere flüchteten ins Ausland. Den Kommunisten gelang es, eine „Regierungsmehrheit“ um sich zu scharen — in einer Situation ständiger Pressionen billigten die meisten Abgeordneten das Regierungsprogramm. Die nichtkommunistischen Volksvertreter „änderten ihren Standpunkt“. Die Auflösung des Machtknotens im Februar 1948, die mit der Entgegennahme der Demission der Minister durch Präsident *Beneš* begonnen und mit der Bestätigung der neuen Regierung durch das Parlament geendet hatte, wurde dann später von offizieller Seite als Beweis für die demokratische und parlamentarische Weise ausgegeben, wie die Regierungskrise gelöst wurde!

Das Parlament arbeitete „schnell und effektiv“: von Anfang März an bis Mai 1948 beriet die Nationalversammlung u. a. folgende Gesetze: das Gesetz über die Gewerbesteuer, über den landwirtschaftlichen Kredit, über die neue Bodenreform, den Nachtrag zum Gesetz über die Revision der Bodenreform, das Gesetz über Flurbereinigung, das Gesetz über die Nationalversicherung, das Schulgesetz, das Gesetz über die Verstaatlichung weiterer Industrie- und anderer Produktionsunternehmen, das Gesetz über die Verstaatlichung des Außenhandels, das Gesetz über die Verstaatlichung der Handelsunternehmen mit 50 oder mehr Arbeitnehmern, das Gesetz über die Verstaatlichung der Reisebüros, der polygraphischen Unternehmen usw.

Am 9. Mai 1948 (dem Tag der Befreiung der Tschechoslowakei) beschloß die Verfassunggebende Nationalversammlung auf ihrer letzten Sitzung das Grundgesetz — die Verfassung. In der Verfassung waren alle gesellschaftlichen, insbesondere sozial-ökonomischen Hauptveränderungen verankert; gleichzeitig jedoch garantierte die Verfassung noch das Privateigentum von Industrieunternehmen bis zu 50 Arbeitnehmern und von Grund und Boden bis zu 50 ha; ebenso das Privateigentum von Gewerbe und Handwerk. Das Parlament verwandelte sich zu einem „gesetzgebenden Arbeitsorgan“, es hörte auf, Arena politischer Gefechte zwischen den einzelnen Parteien zu sein — es wurde eine Abstimmungsmaschine.

Wie bereits angedeutet, war *Beneš's* Konzept der Nachkriegsentwicklung in der Tschechoslowakei mit dem Begriff „sozialisierende Demokratie" umrissen worden; sie war an die Bedingungen einer Zusammenarbeit zwischen Ost und West gebunden. Die gesellschaftlichen Veränderungen, auf Grund des Kaschauer Regierungsprogramms verwirklicht und die entstandene ökonomische und politische Struktur, befanden sich im Einklang mit *Beneš's* Vorstellungen von einer sozialisierenden Demokratie. Im Gefolge des Zerfalls der hitlerfeindlichen Koalition und der Februarumwälzungen brach dieses Konzept der gesellschaftlichen Entwicklung in der wiedererstandenen Tschechoslowakei zusammen. Wenn *Beneš* auch die Demission der Minister angenommen und die neue Regierung *Klement Gottwalds* ernannt hatte, stimmte er doch prinzipiell nicht mit den Februarveränderungen und mit der Entwicklung nach dem Februar überein. Aus Protest verließ er den Hradschin, die Prager Burg, zog sich in seinen Privatsitz in Sezimovo Ustí zurück, lehnte es ab, die Präsidentenstandarte hissen zu lassen und bot mehrmals seine Abdankung an. Seine passive Resistenz gab er mit der definitiven Abdikation am 7. Juni 1948 auf. Offiziell wurde *Beneš's* Schritt mit ernster Krankheit begründet.

Wie unklar die Vorstellungen in der KP-Führung über die weitere Entwicklung waren, zeigt z. B. die Rede *R. Slánský's* im April 1948, in der er über die Einstellung zu den nichtkommunistischen Parteien sprach:

> Unser Ziel ist es, eine Einheitspartei des werktätigen Volkes im Rahmen der kommunistischen Partei zu schaffen. Das wird ein Prozeß sein, in dessen Verlauf wir die übrigen Parteien in unserer Partei aufsaugen.[125])

Nicht allzulange nach den Wahlen änderte die KP-Führung ihren Standpunkt:

> Stellen einige Genossen die Frage, mit jenen Parteien zu verschmelzen? . . . Ich bin der Meinung, daß diese Parteien ihre Bestimmung haben; wir müssen nur darauf achten, daß sie nicht etwa zum Tummelplatz für reaktionäre Umstürzler werden.[126])

Bei diesen Erwägungen spielten sowohl innerpolitische Beweggründe eine Rolle — man nahm an, nichtkommunistische Parteien wären besser in der Lage, die kleinbürgerlichen und mittelständischen Schichten aus Stadt und Land zur Mitarbeit am Aufbau des Sozialismus zu gewinnen — als auch das außenpolitische Kalkül: Es würde dadurch der Beweis geliefert, daß in einer Volksdemokratie weiterhin außer der kommunistischen Partei auch noch andere Parteien bestehen könnten; man rechnete überdies mit einer möglichen Zusammenarbeit dieser Parteien mit Parteien ähnlichen Typus in den anderen volksdemokratischen Staaten.

Nach der Isolierung des „rechten Flügels" in der Sozialdemokratie unter *Majer* — und danach unter *Laušman* — gelang es den Kommunisten mit Hilfe der „Linken" den Zusammenschluß beider Parteien vorzubereiten. Der Zusammenschluß wurde noch vor den Wahlen am 17. 4. 1948 verkündet — die feierliche Vereinigung wurde am 27. Juni 1948 vollzogen. Den Sozialdemokraten gelang nicht einmal ein Minimalerfolg, wie z. B. in Polen oder in Ungarn, wo die KP nach Zusammenschluß wenigstens umbenannt wurde. In der Tschechoslowakei sollte auch der Name der Partei den vollkommenen Anschluß der Sozialdemokratie bedeuten. Lediglich ein kleiner Teil der sozialdemokratischen Funktionäre, die bereits seit langem mit den Kommunisten zusammengearbeitet hatten (*Fierlinger, John, Jankovcová, Erban, Hájek* u. a.), wurden in die höchsten KP-Gremien kooptiert; ein weiterer Teil der sozialdemokratischen Mitglieder wurde auf Grund individueller Überprüfung übernommen — viele wurden überhaupt nicht aufgenommen oder suchten gar nicht erst um Aufnahme nach.

Die Kommunistische Partei verzeichnete in den Februartagen einen Massenzufluß neuer Mitglieder. Zum 28. 2. 1948 hatte die KPČ 1 409 661 Mitglieder.[127]) Nach dem Februar wurde die Werbung zur Partei nicht eingestellt, im Gegenteil, sie wurde noch verstärkt. Dies hing mit der Unklarheit zusammen, die in der Parteiführung über die weitere Entwicklung der politischen

Struktur des Landes und über die Existenz der nichtkommunistischen Parteien vorherrschte. Durch weitere Mitgliedswerbung verfolgte man vor allem das Ziel, die Mitgliederbasis der nichtkommunistischen Parteien dadurch zu schwächen, daß ihre Mitglieder abgeworben wurden. Das Organisationssekretariat des ZK der KPČ erließ in Übereinstimmung mit dem Parteivorsitz eine Richtlinie zur Steigerung der Werbungskampagne. Am 19. 3. 1948 erteilte es die Weisung, in der nächsten Zeit zwei Millionen Mitglieder zu erreichen — und dies so bald wie möglich, da „wir dies nach dem 1. Mai schwer werden nachholen können".[128])

Die Werbung zur Partei nahm oft groteske Gestalt an, man konkurrierte um beste Bezirke und Kreise mit dem Ziel:

... unten in den Massen die drei Parteien (die tschechischen Sozialisten, die Volkspartei und die slowakischen Demokraten – R. K.) zu liquidieren. Es genügt nicht, die anderen Parteien organisatorisch zu liquidieren, wir müssen sie auch ideologisch vernichten ... Wir haben in 10 Tagen 225.000 Mitglieder gewonnen. Das ist ein großer Erfolg. Wir müssen die Werbungskampagne in den Rahmen der Hauptaufgaben einordnen: die Sicherung des Wahlsiegs und die Liquidierung des Einflusses der übrigen Parteien.[129])

Ähnlich verlief dieser Prozeß in der Slowakei. Die Parteiführung forderte die Grundorganisationen auf, ihre sektiererischen Tendenzen in bezug auf die Massenaufnahmen zu überwinden. Sie beschloß eine Richtlinie für die Werbung neuer Mitglieder:

Die politischen Organisationen der anderen Parteien in Werken und Unternehmen liquidieren und erreichen, daß dort nurmehr eine Organisation der slowakischen KP besteht ... Gauschulen und eine Zentrale Schule für ehemalige Mitglieder der Demokratischen Partei organisieren.[130])

Parteimitglieder suchten Parteilose sowie Angehörige anderer Parteien auf und überzeugten sie von der Notwendigkeit, der KPČ beizutreten — oft wurde dabei nackter politischer Druck ausgeübt. Die Parteiorgane verkündeten „Gottwaldsonntage und

-wochen", es entstanden „Gottwald-Dörfer", in denen alle Bewohner KP-Mitglieder wurden, „Gottwald-Fabriken" mit allen Arbeitnehmern in der KP — ja, es gab sogar Bestrebungen, „Gottwaldbezirke" zustandezubringen, in denen es außer der Kommunistischen Partei keine andere geben sollte. Wenn sich Schwierigkeiten ergaben, scheuten sich die Funktionäre nicht, gefälschte Meldungen nach oben zu schicken.

Aus einigen KP-Organisationen erklangen auch Stimmen der Mißbilligung, z. B. in Kladno oder in der Slowakei, aber trotzdem wurde die Werbekampagne fortgesetzt. Erst im Juli beschloß der Parteivorstand mit sofortiger Wirkung, die Massenwerbung neuer Mitglieder einzustellen und weiterhin streng das Prinzip der individuellen Aufnahme und Überprüfung einzuhalten.[131])

Das Ergebnis dieser Massenwerbekampagne war eine Mitgliedszunahme der KPČ von Februar bis August 1948 um 856 657 Personen. Von der Gesamtzahl der neu aufgenommenen Mitglieder gehörten vor dem Februar 1948 115 099 (13,5 %) der tschechischen sozialistischen Partei an, 25 278 (2,95 %) der Volkspartei und 113 535 (13,25 %) der Sozialdemokratie.[132])

Die Zusammensetzung der Orts- und Betriebsorganisationen sah folgendermaßen aus:

folgendermaßen aus:	Ende 1947:	Ende 1948:	
Ortsorganisationen	941 095	1 608 303	Mitglieder
Betriebsorganisationen	368 637	659 385	„

In den tschechischen Ländern gab es vergleichsweise 2 267 688 und in der Slowakei 407 150 KP-Angehörige, d. h. fast ein Viertel der gesamten erwachsenen Bevölkerung. Die soziale Zusammensetzung der Mitgliedschaft hatte sich wesentlich verändert, der Anteil an Arbeitern war gesunken, der Prozentsatz von Angestellten und Beamten hatte sich bedeutend erhöht.[133])

Die Massenaufnahmen in die KPČ, wie sie im Jahre 1948 vor sich gegangen waren, standen im Widerspruch zu den leninistischen Prinzipien der individuellen Auswahl und der Überprüfung neuer Mitglieder. Diese Grundsätze wurden jedoch dem Ziel geopfert, die übrigen Parteien an der Basis zu liquidieren.

In die KPČ traten vollkommen passive Personen und viele Karrieristen ein; besonders in den Behörden Prags und anderer Großstädte traten viele Angestellte der Partei unter Druck bei. Die Mitgliedsschwemme war so erheblich, daß sich sogar das Organisationssekretariat mit dem Problem befassen mußte und den Beschluß traf, „... jene Fälle zu verurteilen, in denen Personen, insbesondere in Ämtern und Behörden, unter Druck gesetzt wurden, um zum Eintritt in die Partei bewegt zu werden. In den Behörden, wo es dazu gekommen ist, sind die Anmeldungen zurückzugeben." [134]) Die Furcht, daß die Nichtmitgliedschaft in der KP die Entlassung bedeuten könne, also reine Existenzangst, veranlaßte die überwiegende Mehrheit der neuen Parteimitglieder, ihre Zugehörigkeit zur KPČ unter allen Umständen aufrecht zu erhalten. Die Massenwerbung zur KP wurde 1948 von der Parteiführung als zielbewußter taktischer Schritt zur Festigung der Machtposition der KP gewertet — in den fünfziger Jahren wurde sie dann im Prozeß gegen das sogenannte parteifeindliche Verschwörerzentrum *Rudolf Slánský* als beabsichtigter, parteifeindlicher Schädlingsakt gewertet.

Bis zum Februar 1948 war eine gewisse Besonderheit der Bedingungen in der Slowakei noch respektiert worden — die Slowakische KP hatte sich einer beträchtlichen Selbständigkeit erfreut. Nun „hob der Sieg der Arbeiterklasse die Bedingungen auf, die die organisatorische Selbständigkeit der Slowakei erheischt und schon vor dem Februar 1948 viele Schwierigkeiten bereitet hatte". Als weiteres Argument wurde angeführt, daß „die tschechische und die slowakische Bourgeoisie der Macht beraubt worden war, d. h. der Hauptträger des tschechischen und slowakischen Nationalismus, der insbesondere in der Slowakei den Widerstand gegen die Führung Prags entfacht hatte". Ende Juli 1948 beschloß die Führung der KPČ, daß die slowakische KP aufzuhören habe als selbständige Partei zu existieren und daß sie Teil der KPČ werden solle; das ZK der KPS wurde dem ZK der KPČ untergeordnet und nach dessen Richtlinien wird die Politik der KPČ in der Slowakei durchgeführt.[135])

Diese Maßnahme bedeutete die Schaffung einer einheitlichen politischen und organisatorischen Führung der kommunistischen Partei auf dem gesamten Staatsgebiet. Es war der Übergang zu einer straffen Zentralisierung auch innerhalb der KPČ; dieser Prozeß verlief jedoch keineswegs ohne Schwierigkeiten und stieß auf Widerstand.

Auf der September-Sitzung des ZK der KPS (1948) kritisierte der Vorsitzende der slowakischen KP *Viliam Široký* zum ersten Mal öffentlich kleinbürgerliche nationalistische Tendenzen in der Führung der KPS:

Ein wichtiges Problem unserer sozialistischen Entwicklung ist der Einfluß des bürgerlichen Nationalismus in unserer Partei und damit auch in bestimmten Schichten unseres Volkes. Wir müssen selbstkritisch betonen, daß sich des bürgerlich-nationalistischen Einflusses nicht einmal die führenden Organe der Partei erwehrt haben.[136])

Nach der Resolution des Kominform über die Situation in der Kommunistischen Partei Jugoslawiens erhielt der Kampf gegen den sogenannten bürgerlichen Nationalismus schon ausdrucksvollere Züge. Am 28. 6. 1948 beriet der Vorsitz der KPČ die Resolution und stellte fest: „In Jugoslawien dringt der bürgerliche Nationalismus durch. Es handelt sich um gefährliche Formen. Ähnliche Tendenzen sind auch in der Slowakei aufgetreten. Dies muß mit Nachdruck bekämpft werden." (*V. Kopecký.*) „Auch die Schwierigkeiten der Slowakei sollten bei dieser Gelegenheit gelöst werden." (*J. Duriš.*)

Unter dem Einfluß der Resolution über die KP Jugoslawiens begannen einige Angehörige der KPČ-Führung (*Gottwald, Kopecký*) auch bestimmte Meinungsverschiedenheiten zwischen slowakischen Kommunisten und der KPČ-Führung als Ausdruck „einer bürgerlichen Abweichung" zu werten.[137]) Während der Beratung über die Versorgungssituation in der Slowakei im ZK-Vorsitz der KPČ im Januar 1949 wurde das Bestreben deutlich, die Hauptursachen für die Schwierigkeiten in der Tätigkeit der slowakischen Organe und Kommunisten zu sehen; man argwöhnte, daß „dahinter mehr steckt, als bloße Unfähigkeit . . ."

„In der Führung der Partei, in der Führung des Staatsapparats ist etwas nicht in Ordnung." (*Gottwald.*) Auch *Ďuriš* sprach von einem nationalistischen Standpunkt einiger slowakischer Genossen. *Široký* wies darauf hin, daß in der Slowakei „weder die antitschechische Stimmung zunehme, noch ein antitschechisches Problem unter der Arbeiterschaft überhaupt existiere". In seiner abschließenden Zusammenfassung meinte *Gottwald* kritisch, daß viele führenden Funktionäre der KPS einen unrichtigen Standpunkt einnähmen und daß sie die Hilfe oder das Eintreffen der tschechischen Genossen als Kontrolle oder Einmischung in ihre slowakischen Sachen betrachten. „Vor kurzem sagte ich, daß ich fürchte, wir hätten in dieser Richtung in der Slowakei ein Leck, einen schwachen Punkt, wir seien dort vor möglichen Überraschungen nicht abgesichert . . ." [138])

Unter dem Einfluß der „jugoslawischen Resolution" und ihrer Anwendung wurden die Fehler, Mängel und Meinungsunterschiede der slowakischen Kommunisten ideologisch kategorisiert schlicht und einfach „bürgerlicher Nationalismus". Von hier war der Weg nicht mehr weit zu späteren Anschuldigungen gegen die Gruppe *Husák*, *Novomeský*, *Clementis*, *Šmidke* u. a.

11. Kritik an der KP Jugoslawiens und der spezifische Weg zum Sozialismus

Der in der Zeitschrift „Für dauerhaften Frieden, für Volksdemokratie" am 1. Juli 1948 veröffentlichte Beschluß des Informationsbüros der Kommunistischen Parteien (Kominform) zum Fall Jugoslawiens hatte grundlegenden Einfluß auf die Entwicklung des sozialistischen Lagers, der einzelnen Länder und der kommunistischen Parteien. Er beschleunigte das Eindringen des Stalinismus als eines umfassenden Systems theoretischen Denkens und praktischen Handelns. Die Behandlung der jugoslawischen Resolution in den einzelnen Parteien wurde mit einer selbstkritischen Analyse der bisherigen Politik und der Vorstellungen über den Weg zum Sozialismus verknüpft. Zwei Momente traten besonders in den Vordergrund: die These über den sich verschärfenden Klassenkampf beim Aufbau des Sozialismus — man orientierte sich auf das systematische „Suchen und Entlarven der Feinde" innerhalb der Partei, wobei der Klassenkampf überwiegend auf die Tätigkeit der „Agenten des Imperialismus" reduziert wurde. Als zweites Moment trat in den damaligen Diskussionen der kommunistischen Parteien die Verneinung des spezifischen Weges zum Sozialismus und die Betonung der allgemein gültigen Gesetzmäßigkeiten für alle Länder auf dem Wege zum Sozialismus in den Vordergrund.

So sagte *Rákosi*, dessen Parteitagsreferat der KPČ bei der Vorbereitung ihres IX. KP-Kongresses als Vorbild ebenso diente wie der Prozeß gegen *Rajk* als Modell für den späteren Prozeß gegen *Slánský*, auf der Tagung des ZK der Ungarischen KP: „Zur Art und der Form der sozialistischen Ordnung kann jede Nation etwas beitragen und trägt auch etwas Neues, etwas Eigenes bei — in prinzipiellen, entscheidenden Fragen gibt es aber keinen besonderen nationalen Weg." [139])

Das ZK der Bulgarischen KP übte am 12. und 13.7.1948 Selbstkritik. Im Beschluß wird gesagt, es seien „einige Fehler geschehen, zu denen es eben vor allem deshalb kam, weil die Unausweichbarkeit der Verschärfung des Klassenkampfes in der verflossenen Zeitspanne unterschätzt wurde und weil Illusionen über die Möglichkeit der Milderung dieses Kampfes in unseren Bedingungen geherrscht haben"; weiter hieß es, daß es z. B. „fehlerhafte Formulierungen über die harmonische Verbindung dreier Sektoren der Volkswirtschaft — des staatlichen, genossenschaftlichen und privaten Sektors — und Formulierungen, die die Besonderheiten des bulgarischen Weges zum Sozialismus aufgebauscht haben, gab".[140])

Das ZK der Polnischen Vereinigten Arbeiterpartei befaßte sich mit den „Rechtsabweichungen" gleich zweimal, im Juli und im September 1948. Es bezeichnete u. a. als sogenannte Abweichung die (von *Gomulka* ausgesprochene) „Ablehnung der Resolution des Kominform in den Punkten, die die Landwirtschaft betrafen. Der Opportunismus verbirgt sich darin, daß er dem Klassenkampf gegen die kapitalistischen Elemente auf dem Dorf, dem Klassenkampf, ohne den es kein Vorwärts gibt, auszuweichen trachtet!" Und in einer weiteren Frage zeigte sich „der Hang, die Tatsache zu verschweigen oder ungenügend zu unterscheiden, daß der polnische Weg zum Sozialismus trotz einiger eigenständiger Züge qualitativ nichts anderes ist als eine bloße Pharaphrase, die gerade dank dem vorhergegangenen Sieg des Sozialismus in der UdSSR entstanden ist und die Möglichkeiten der neuen Geschichtsspanne und der spezifischen Bedingungen der historischen Entwicklung Polens Rechnung trägt".[141])

Die KPČ übte keine öffentliche Selbstkritik wegen ihrer Theorie über den spezifischen Weg zum Sozialismus. *Stalin* kritisierte jedoch die KPČ-Führung in den Beratungen mit *Gottwald* während seines Besuches in der Sowjetunion im September 1948, wie dies aus dem Referat *Slánskýs* auf der Sitzung der Bezirkssekretäre der KP am 21.—23. 9. 1948 (also noch vor der Rückkehr *Gottwalds*) hervorgeht:

Wir alle waren uns sogleich nach dem Februar nicht des leninistisch-stalinistischen Lehrsatzes bewußt, daß der Übergang vom Kapitalismus zum Sozialismus eine große Etappe ist, die nicht von einem Ab-

flauen des Klassenkampfes, sondern von seiner unaufhörlichen Verschärfung begleitet ist, wie uns dies wieder durch die Resolution des Informationsbüros über die jugoslawische Frage ins Gedächtnis zurückgerufen worden ist. Viele Genossen glaubten, daß wir mit dem Februar den Klassenkampf schon hinter uns gebracht hätten, daß wir schon so stark sind, daß uns die Reaktion keinen Widerstand mehr leisten wird; wir sprachen von der Feigheit der Reaktion, die im Februar offensichtlich geworden war, und meinten, sie werde auch feige immer weiter zurückweichen, sich anpassen, kurz: daß wir vor uns die Etappe einer friedlichen Entwicklung zum Sozialismus hätten.
Es ist wahr: wir selbst sprachen vor dem Februar von einer ruhigen Entwicklung zum Sozialismus, von einem tschechoslowakischen Weg zum Sozialismus, der sich vom russischen Weg dadurch unterscheide, daß er eben ruhig sei.
Nach der Rückkehr von Genosse Gottwald aus der Sowjetunion wird unser ZK, wird unser Parteivorstand mit einer Menge neuer taktischer Probleme aufwarten; es wird die Parteipolitik in einer ganzen Reihe von Gebieten neu ausarbeiten, wie dies den neuen Bedingungen des sich verschärfenden Klassenkampfes entspricht. Natürlich muß in der Agrarpolitik anders vorgegangen werden – das soll jedoch nicht heißen, daß das, was vor dem Februar gewesen ist, schlecht und unrichtig gewesen ist. Es ist klar, daß wir uns in unserer Politik eine Menge Fehler haben zuschulden kommen lassen; insbesondere was die Unterschätzung der Kräfte der Reaktion angeht, waren wir nicht wachsam genug; wir hätten mit der Verschärfung des Kampfes gegen die Reaktion früher beginnen sollen. Wir müssen scharfe, administrative Maßnahmen gegen die Reaktion einleiten. Wir müssen aufhören, der Reaktion bloß zu drohen. Gerade jetzt erst wurde uns vorgeworfen, daß viele Parteirepräsentanten den Mund voll nähmen, nichts jedoch geschähe... Dieses tolerante, liberale Verhältnis, die Ansicht, daß wir durch einen scharfen Eingriff die Situation verschlechtern könnten und die Reaktion gegen uns aufbrächten – diese Ansicht gab und gibt es oft noch in der Partei; wir müssen sie energisch bekämpfen und ihre Fehlerhaftigkeit, Bedeutung, Schädlichkeit nachweisen.[142])

Die kommunistischen Parteien aller volksdemokratischen Länder wurden wegen ihrer Politik kritisiert — wenn auch auf unterschiedliche Weise: die KP Jugoslawiens unmittelbar durch das Kominform, *Gomulka* durch die polnische Parteiführung, *Dimitroff* und *Gottwald* auf Beratungen in Moskau. Alle Parteien mit Ausnahme der jugoslawischen unterwarfen sich der Kritik und verließen abrupt den spezifischen Weg zum Sozialismus. (Zur Zeit des Briefwechsels zwischen der Führung der KP Jugoslawiens und dem ZK der KPdSU empfing *Gottwald* den jugoslawischen Botschafter und hatte mit ihm eine lange Unterredung unter vier Augen über den aktuellen Konflikt — jedenfalls war *Gottwald* über die Hintergründe des sowjetisch-jugoslawischen Konflikts ausgezeichnet informiert.) Das Konzept unterlag tiefgreifenden Wandlungen; die Ansichten über den spezifischen Weg wurden auf einen einzigen Unterschied reduziert: in den Volksdemokratien sei der friedliche Weg nur als Folge der Befreiungsrolle der Roten Armee und der Existenz der UdSSR möglich gewesen. Die unterschiedlichen Bedingungen der einzelnen Länder wurden vollkommen ignoriert. Die unmittelbare Abhängigkeit von Moskau wurde offensichtlich, es begann die Ära der Sowjetisierung der Tschechoslowakei.

a) Der verschärfte Klassenkampf

Das Problem der kirchlichen Schulen, die Frage des Kircheneigentums u. a. erforderten eine prinzipielle Regelung der Verhältnisse zwischen Staat und Kirche in der Situation des Nach-Februar. Der Tradition entsprechend war bei der Wahl des Präsidenten der Republik am 14. Juni 1948 im Veitsdom das feierliche Tedeum von Erzbischof *Beran* zelebriert worden, an dem *Gottwald* und einige Mitglieder der Regierung teilgenommen hatten. Das erweckte den Anschein, als ob dieses Ereignis die passende Gelegenheit biete, die Differenzen zu überbrücken. Einerseits war eine gewisse Desorientation in den kommunistischen Reihen die Folge, andererseits stärkte es bei gläubigen Katholiken gewisse Hoffnungen, es könnte bald zu einem Übereinkommen zwischen Kirche und Staat kommen. Das Tedeum rief schließlich Mißfallen bei kirchlichen Kreisen im In- und Ausland hervor. Der Vatikan machte Erzbischof *Beran* besondere Vorwürfe wegen seiner Teilnahme an der Zeremonie. *Beran* war sich dessen bewußt, daß sie als Übereinkommen mit dem Staat aufgefaßt werden könnte. Um derartig unrichtige Vermutungen nicht aufkommen zu lassen und die unveränderte Haltung der Kirche zu unterstreichen, teilte der Erzbischof am 14. 6. 1948 allen Geistlichen schriftlich den Standpunkt der Kirche mit:

Im Augenblick, als dieser Staat ein neues Oberhaupt erhält, sieht sich das Gewissen gezwungen, deutlich diese Grundsätze auszusprechen: 1. die Kirche ist keine Institution, deren Aufgabe es wäre, politische Übereinstimmung oder politischen Widerstand zu organisieren; 2. die Kirche kann niemandem verwehren, für seine Taten Gottes Hilfe zu erheischen; 3. mit allem Ernst erinnere ich daran, daß damit die Kirche die Weltanschauung einer Richtung oder einer Bewegung, die ihrer Ansicht widerspricht, nicht annimmt.[143])

Der anfängliche Optimismus, der Konflikt zwischen der katholischen Kirche und dem neuen Regime würde mit einem Kompromiß enden, erfüllte sich nicht. Der Konflikt dauerte an: die katholische Kirche gehörte noch lange zu den ernstesten Widersachern des Nachfebruarregimes.

Der Sommer verlief sehr unruhig. Im Lande zeigten sich ernste Versorgungsschwierigkeiten, die Verwirklichung des Zweijahresplans war bedroht. Da verstarb plötzlich *Beneš*. Sein Begräbnis wurde auf den 8. 9. 1948 angesetzt. Es war eine ersehnte Gelegenheit, gegen das neue Regime zu demonstrieren. Diese Aufgabe übernahm der Sokol, die größte Körperertüchtigungsorganisation in der ČSR, der eng mit der tschechischen sozialistischen Partei verbunden war und bereits seinen SLET, die große Turnschau auf dem Stadion in Prag, zur politischen Demonstration genutzt hatte. Sein regierungsfeindliches Auftreten beim Begräbnis *Beneš's* war sogleich sein letztes. Es begann die „Säuberung" des Sokol, seine Reorganisierung und Unterordnung unter staatliche Institutionen.

Die Septembervorgänge bedeuteten eine Erschütterung für die KPČ; die Parteiführung schien überrascht. Die Gefühle der Sorglosigkeit, die sich nach dem Februar verbreitet hatten, waren dahin — ebenso wie die Vorstellungen vom ruhigen Weg zum Sozialismus: der „Klassenfeind“ war in Erscheinung getreten. Am Tage nach dem Begräbnis *Beneš's* wurde eine Beratung bei *Gottwald* anberaumt. Der Parteivorstand trat zusammen, das Auftreten des Sokols wurde als Putschversuch gewertet. Die Ursachen für das staatsfeindliche Auftreten erblickte die KPČ-Führung sowohl in objektiven Faktoren — der „Klassenfeind“ hatte die unbefriedigende Ernährungslage, die Störungen in der Versorgung usw. „ausgenutzt“, als auch in den subjektiven Faktoren — schwache Tätigkeit der Parteiorganisationen, Schwanken der Kommunisten und ungenügender Mut, dem Ansturm der Reaktion entgegenzutreten.[144])

Eine tiefere Analyse der Ursachen für den Dissens eines gewiß nicht kleinen Teils der Bevölkerung oder sogar eines Teils der Parteimitglieder mit der bisherigen Entwicklung wurde überhaupt nicht versucht. Der Vorsitz konzentrierte sich auf die Maßnahmen, mit denen „der Reaktion der letzte Schlag“ versetzt werden sollte — jener Reaktion, die nach einem Debakel vom Februarausmaß nach kaum einigen Monaten wieder fähig war, solche Aktionen: den Slet der Sokoln, den Widerstand der katholischen Kirche und nun das Begräbnis *Beneš's*, zu unternehmen!

Auf Grund eines ganzen Bündels von Maßnahmen unter der Parole des „scharfen Kurses gegen die Reaktion“ sollte vor allem die Versorgung verbessert werden. Zu diesem Zweck wurde eine Parteikontrollkommission bestellt, die die Wirtschaft zu überwachen und zu kontrollieren hatte; gleichzeitig jedoch waren die Maßnahmen direkt gegen die „Reaktion“ gerichtet — es sollte das wahre „Antlitz der Reaktion, ihre Ziele und Pläne enthüllt“ werden; die Ansicht herrschte vor, daß „Erziehung und Überzeugung nicht ausreichten und daß es notwendig sei, forschere Mittel anzuwenden“. Es wurde die Weisung erteilt, ein Gesetz zum Schutz der Republik in Angriff zu nehmen und es wurden Vorschläge zur Errichtung von Arbeitslagern unterbreitet.[145])

Die Parteiführung sprach weiter davon, daß es notwendig sei, den Sokol, den Staats- und Wirtschaftsapparat zu säubern. Einige Mitglieder forderten, der „scharfe Kurs“ solle einen breiteren Kreis der Bevölkerung treffen, u. a. auch einige Gruppen der Kleinbourgeoisie. So sagte z. B. *Slánský*:

Meiner Meinung nach muß schärfer gegen Gewerbetreibende und Kaufleute vorgegangen werden, die die Kunden gegen das Regime aufhetzen. Auch gegen die Kulaken müssen wir vorgehen. Wir haben empfohlen, in Gehöfte von Delinquenten Nationalverwaltungen einzusetzen ... Wir haben ein Gesetz, das uns ermöglicht, Staatsangestellte und Beamte fristlos zu entlassen ...[146])

In der Reaktion der KP-Führung auf die Ereignisse während des Sokoln-Slets und des *Beneš*-Begräbnisses zeigten sich schon die ersten Elemente der praktischen Anwendung der Theorie von dem sich verschärfenden Klassenkampf. Die eigene Entwicklung bestätigte so plötzlich „die Richtigkeit der jugoslawischen Resolution". Die KPČ rief ihre Mitglieder zu erhöhter Wachsamkeit und Vorsicht auf. Von der Theorie des sich verschärfenden Klassenkampfes war es nur noch ein kleiner Schritt zur These vom „Hauptfeind mit der Parteilegitimation in der Tasche", was dadurch belegt werden sollte, daß an den staatsfeindlichen Aktionen auch Parteimitglieder teilgenommen hatten. Einer der größten „Experten" für den Kampf gegen den Klassenfeind in den eigenen Reihen, *Václav Kopecký*, sprach darüber schon im Juli auf einer Sitzung des Vorstandes:

Ich bin weiter davon überzeugt, daß es unter uns viele Leute gibt, die vom Feind eingeschleust worden sind. Wachsam muß festgestellt werden, ob bei uns keine Feinde eingesetzt sind. Es sollte ein besonderer Apparat errichtet werden, der sich damit beschäftigen würde. Derartige Feinde gibt es unter uns eine ganze Menge. Unser Parteisekretariat sollte diese Dinge verfolgen.[147])

Ähnliche Ansichten vertraten auch die Mitglieder des Organisationssekretariats des ZK der KPČ, als sie über den Vorschlag, die Parteikandidatur im Zusammenhang mit den Mitgliedüberprüfungen in der Partei einzuführen, berieten: „Im Resolutionsentwurf müssen wir noch mehr betonen, daß sich der Klassenfeind bemüht, in alle Organe der Partei einzudringen — und insbesondere ins Zentralsekretariat." [148])

Im Frühjahr 1949, vor dem IX. Parteitag der KPČ, verstärkten sich noch die Beweise für die Gefahr des Eindringens des Klassenfeindes. Die Parteizeitschrift „Funkcionář" führte an:

„Der Feind sucht eine Möglichkeit, wie er auf irgendeine Weise in unsere Partei eindringen kann. Wie leicht kann ein Kartenspieler, der Geld zur Deckung seines Bedarfs oder seiner Defraudationen, wie leicht ein Trinker, wie leicht jeder, der ein unnormal unkommunistisches Leben führt, gewonnen, zu einem kleinen Verrat verführt werden und dann unter Druck zu ernsteren Diensten gezwungen werden! Und das ohne Rücksicht darauf, ob sie einen wichtigen oder unwichtigen Beruf ausüben. Auch ein Arbeiter, ein Wachmann, wenn er einmal in die Klauen des Feindes gerät, selbst oder durch Unwachsamkeit im Dienst eine ganze Fabrik vernichten oder vernichten helfen. Das Instrument, vermittels dessen der Feind in unserer Partei im Trüben fischen kann, sind verschiedene charakterlose Meckerer, Kritiker und Karrieristen, die außerhalb der Partei kritisieren ..."
Und auf dem IX. Parteitag betonte der Generalsekretär noch weiter die „Theorie vom Feind in der Partei": „Wir dürfen nicht vergessen, daß die Parteilegitimation kein genügender Ausweis für die Verläßlichkeit der Menschen ist ... Wir müssen wissen, daß am gefährlichsten der Feind dann ist, wenn er in unsere Reihen eingedrungen ist." 149)

Die Theorie vom Feind in der Partei beeinflußte bereits die Lösung einiger innerparteilicher Konflikte. Beim sogenannten „Karlsbader Fall" erblickten einige führende Mitarbeiter der Partei-Kontrollkommission in Arbeitsmängeln die verdeckte Tätigkeit des Klassenfeindes. Es habe sich um „ein internationales Nest" gehandelt, in dem der Sicherheitssekretär des Bezirksausschusses der KP eine bedeutende Tätigkeit entfaltet haben solle. Die Parteikontrollkommission wurde umfunktioniert: sie übernahm die Aufgaben und Methoden des Staatssicherheitsdienstes. Einige Beschlüsse der Führungen von KPČ und KPS hingen unmittelbar mit der angeführten Theorie zusammen. Als der ZK-Vorsitz der KPS am 5. 2. 1949 den Bericht über „einige Sicherheitsvorkehrungen und den Schutz der Partei vor Saboteuren" beriet, drückten *G. Husák* u. a. Befürchtungen über die Tätigkeit von Feinden in der Partei aus — damals ahnten sie ebensowenig wie *R. Slánský* und andere, was für eine Geißel sie gegen sich selbst knüpften:

Den Feind sehen wir nur dort, wo er sich offensichtlich befindet und nicht dort, wo er sich maskiert hat und arbeitet. Für diese weitaus schwerere Form sind wir nicht genug eingerichtet. Wir müssen in den Parteiorganisationen Leute auswählen und einen internen Partei-Schutz aufbauen ... Der Feind versucht, uns zu schwächen, gegeneinander aufzuhetzen, zu zersetzen ...[150])

Hier kamen schon Vorschläge ans Licht, wie die Tätigkeit der Feinde in der Partei zu entlarven sei:

Immer wieder muß man sich dessen bewußt werden, daß wir mit der nationalen Idee nicht spielen können ... Die geringste Bemerkung eines Kommunisten ist für die Reaktion schon eine antisozialistische Sache. Es ist notwendig, den Staatssicherheitsdienst damit zu betrauen, in Fabriken und Behörden ein Netz von V-Männern der Nationalen Sicherheit zu errichten.[151])

Diese Methoden führten naturgemäß zur Verängstigung der Parteimitglieder, zur Unterdrückung der Kritik — alle Schwierigkeiten in Wirtschafts-, Staats-, Sicherheits- und Parteiorganen wurden auf Konto des Parteifeindes gesetzt, überall lauerte die „Hand des Feindes“.

Die Anzahl der KP-Mitglieder stieg nach Februar 1948 bis auf 2,5 Millionen an; verglichen mit der Bevölkerungszahl war die KPČ nun die größte KP der Welt. Vor dem Februar hatten die Kommunisten geglaubt, sie könnten mittels ihrer Ideen, ihrem Programm und ihrer Politik den Consensus mit der Mehrheit der Bevölkerung erreichen. Die Verwirklichung ihres Programms war von der erfolgreichen Tätigkeit der Mitglieder und Funktionäre in Staats-, Wirtschafts- und Massenorganisationen abhängig. Wenn auch die KPČ auf eine führende Rolle in der Gesellschaft aspiriert hatte, so hatte sie doch mit den Ansichten und Forderungen ihrer Partner in der Nationalen Front rechnen müssen. Was nun, da es keine starken oppositionellen Kräfte in der ČSR mehr gab? Sollte das sowjetische System übernommen werden, in dem es keine andere als allein die kommunistische Partei gibt, die als alleiniger Machtfaktor selbst entscheidet, führt und für die Staats- und Wirtschaftsorgane Aufgaben festlegt?

b) Schulung und Überprüfung

In den Jahren 1945—48 hatten die programmatischen Forderungen der KPČ vorwiegend demokratischen Charakter. Viele — insbesondere Angehörige kleinbürgerlicher Schichten — waren der Partei gerade deshalb beigetreten, weil sie diese demokratischen Forderungen unterstützten. Eine bestimmte Zeit lang schien es auch noch so nach dem Februar, daß die KPČ im wesentlichen ihr Programm beibehielt — viele glaubten der kommunistischen Argumentation, daß *Zenkl* und einige weitere Politiker die „nationale Einheit" zerschlagen und die positive Arbeit der Regierung und des Parlaments auf westliche Weisung hin sabotiert hätten.

Vor dem Februar war die „ideologische Ausrüstung" der KPČ-Mitglieder nicht besonders intensiv. Aber die Vorstellungen über die weitere Entwicklung der Gesellschaft nach dem Februar, als so viele neue Mitglieder massenweise aufgenommen wurden, waren außerordentlich unterschiedlich. Wie die Vorbereitungen zur innerparteilichen Schulung zeigten, auch unter führenden Funktionären gab es noch keine Klarheit über eine einheitliche Anschauung und Vorstellungen „vom sozialistischen Morgen" und dem Weg dorthin. Als das Organisationssekretariat des ZK der KPČ die Thematik der Schulung für die neuen Mitglieder beriet, schlug *Slánský* einen besonderen Schulungsabend über das Thema „Unser Weg zum Sozialismus" vor; seinen Vorschlag begründete er so: „Viele Leute meinen, daß wir jetzt schnell zum Sozialismus nach sowjetischem Vorbild, zum sowjetischen System, voranschreiten werden. Wir müssen die Partei als patriotische Kraft schildern." Oder *V. Kopecký* auf dem Parteivorsitz: „Wir haben unseren Weg, der erfolgreich ist." [152])

Auf die Frage, was denn nun jener spezifische Weg zum Sozialismus, insbesondere jetzt nach dem Februar, sei, fehlte eine genaue Antwort. Vor allem in der Lösung der Klassenkampffragen erblickte man ein gewisses Spezifikum. Man vermutete, der Widerstand der Bourgeoisie werde nicht stark sein, da der Februar sie zur Vernunft gebracht habe — einen Teil der Bourgeoisie könne man beim Aufbau des Sozialisums verwenden; als Klasse jedoch habe sie ihren Einfluß auf die Massen bereits verloren. Diese Illusionen traten am stärksten bei der Beratung über die Parteiüberprüfungen auf — man sprach von der Möglichkeit, einen Teil der Bourgeoisie „umzuerziehen"; man setzte eine ruhigere Entwicklung im Vergleich zur Zeit vor dem Februar voraus, denn „die Hauptquelle der Schwierigkeiten und Hürden hatte der Februar aus dem Wege geräumt".

Diese Ansichten respektierten trotz allem noch gewisse Besonderheiten der politischen, wirtschaftlichen und kulturellen Entwicklung der Tschechoslowakei. Darüber hinaus erblickte man ein Spezifikum in der veränderten internationalen Situation, in der die ČSR und noch andere volksdemokratische Staaten den Weg zum Sozialismus angetreten hatten. Im Unterschied zur Isolation und Umzingelung der Sowjetunion in den zwanziger Jahren wirkten neue Faktoren: die Existenz und die Hilfe der UdSSR und das entstehende sozialistische Weltsystem. „Der Unterschied zwischen unserer Entwicklung und der der Sowjetunion liegt nicht darin, daß es bei uns ruhig und ohne Revolution geht und dort etwa nicht, sondern darin, daß in unserem Fall die Sowjetunion bereits besteht", sagte *L. Frejka* auf einer Sitzung der Bezirkssekretäre, die nach der Resolution des Kominform über die jugoslawische KP und nach der Beerdigung *Beneš's* einberufen worden war.[153])

Die Thesen vom spezifischen Weg zum Sozialismus, ohne Diktatur des Proletariats und ohne Sowjets, verursachten noch etliches Durcheinander in den Köpfen der KP-Ideologen, insbesondere nach der „jugoslawischen Resolution". Junge Philosophen, Historiker u. a. gelangten auf Grund des Studiums der Klassiker des

Marxismus-Leninismus zu der Erkenntnis, daß das gegebene Regime der Volksdemokratie im wesentlichen ein Regime der Diktatur des Proletariats sei. Mit diesem Konzept trat vornehmlich der heute bekannte marxistische Philosoph *Karel Kosík* auf. Aber auch an den Lehrstühlen der Prager Parteischule und an den Schulen des Tschechoslowakischen Jugendverbandes (ČSM) war die Frage der Diktatur des Proletariats oft Gegenstand erbitterter Diskussionen. Nicht einmal Ende 1948, als man in einigen Nachbarländern schon davon sprach, daß die Volksdemokratie „die Funktion der Diktatur des Proletariats" ausübe, sprach die KPČ-Führung ein klärendes Wort. In der ideologischen Abteilung des ZK der KPČ fand zu dieser Zeit eine Diskussion im engeren Kreis leitender Mitarbeiter mit *Karel Kosík* und einigen jungen Funktionären — Studenten — statt mit dem Ziel, sie davon zu überzeugen, daß in der Tschechoslowakei bereits jene Situation eingetreten sei, die *Stalin* einst vorhergesehen hatte und die einen ruhigen Weg ohne Diktatur des Proletariats ermöglichen sollte (der Autor nahm an dieser Diskussion teil):

Wenn natürlich in ferner Zukunft das Proletariat in den wichtigsten Ländern des Kapitalismus gesiegt hat und wenn die heutige kapitalistische Umzinglung einer sozialistischen Umzinglung Platz gemacht hat, ist für einige kapitalistische Länder der ‚ruhige' Weg zum Sozialismus durchaus möglich, und zwar für die Länder, für deren Kapitalisten es wegen der ‚ungünstigen' internationalen Lage zweckmäßig scheinen wird, ‚freiwillig' vor dem Proletariat bedeutende Rückzieher zu machen.[154])

Der Sozialismus hatte zwar in den wichtigsten Ländern des Kapitalismus noch keineswegs gesiegt; trotzdem bemühte man sich, das Beispiel der „sozialistischen Einkreisung" auf die Situation in der Tschechoslowakei zu übertragen.

Theoretisch wurde die Frage des Charakters des Regimes der Volksdemokratie in der neuen Phase besonders von *Dimitroff* aufgeworfen, der auf dem V. Parteitag der Bulgarischen Arbeiterpartei (Kommunisten) erklärte, die Volksdemokratie sei eine bestimmte Form des Übergangs vom Kapitalismus zum Sozialismus, die Volksdemokratie erfülle die Funktion der Diktatur des Proletariats, obwohl sich ihre Staatsform von der sowjetischen Staatsform unterscheide.[155])

Es ist nicht uninteressant, zu wissen, daß sich *Gottwald* und die KPČ-Führung auch jetzt noch nicht entschlossen, öffentlich das tschechoslowakische Regime als Regime der Diktatur des Proletariats zu bezeichnen. So forderte z. B. eine Gruppe von Lehrern an der Prager Parteischule *Gottwald* auf, im Hinblick auf das ideologische Chaos, das in dieser Frage in der Partei herrsche, klar und deutlich von der Tribüne des IX. Parteitags (der Parteitag fand Ende Mai 1949 statt) zu erklären, daß die Volksdemokratie auch in der Tschechoslowakei eine Staatsform der Diktatur des Proletariats sei. *Gottwald* jedoch wich dieser Frage auf dem Parteitag aus. Er war sich anscheinend dessen bewußt, daß gerade wegen der Behauptungen vor dem Februar, ein anderer Weg sei möglich, und wegen der unliebsamen Erinnerungen in der Tschechoslowakei der Begriff „Diktatur" einen besonders unguten Beigeschmack hatte.

Die Ansichten über den Weg zum Sozialismus wurden größtenteils bei der Lösung konkreter praktischer Probleme, wie z. B. der Bauernfrage, der Frage der Gewerbetreibenden und der mittleren Schichten überhaupt geklärt. In den unmittelbaren Gesprächen mit *Stalin* und den übrigen sowjetischen Spitzenfunktionären (nachdem *Gottwald* Staatspräsident geworden war, flog gewöhnlich *R. Slánský*, begleitet von einem weiteren ZK-Sekretär, zur Beratung oder um Instruktionen einzuholen, vor jeder Tagung des ZK der KPČ nach Moskau) wurde das weitere Vorgehen in der Tschechoslowakei und den übrigen volksdemokratischen Ländern koordiniert.

Zu einer gewissen Präzisierung der Vorstellungen vom Weg der Tschechoslowakei trug eine ideologische Konferenz der KPČ Anfang April 1949 bei, die ökonomische und politische Probleme der Volksdemokratie behandelte und die hauptsächlichen und nächsten Aufgaben bei der sozialistischen Umgestaltung der Gesellschaft formulierte.

Im Parteikern hatten Vorstellungen über einen baldigen und leichten Sieg des Sozialismus in der Tschechoslowakei (im Verlauf eines Fünfjahresplans!) das Übergewicht: es genüge, so hieß es, nur das Privateigentum an Produktionsmitteln abzuschaffen und alles ginge dann wie am Schnürchen. Viele Bauern glaubten noch, das tschechoslowakische Spezifikum beruhe in einer demokratischen Agrarreform und hofften, die Versprechen der Kommunisten aus der Zeit vor Februar würden eingehalten: „Bei uns wird es keine Kolchose geben", hatten die Kommunisten noch oft nach Februar erklärt, wie z. B. Landwirtschaftsminister *Ďuriš* noch Mitte 1948 im Parlament.[156])
Die städtischen Mittelschichten hofften wiederum, das ursprüngliche Regierungsprogramm bliebe gültig; in ihm war betont worden, die verstaatlichte Industrie brauche als „Ergänzung und Konkurrenz" die handwerkliche Kleinproduktion. Diese Ansichten stützten sich auf die verfassungsmäßige Garantie des Privateigentums von Produktionsmitteln bis zu einer Anzahl von fünfzig beschäftigten Arbeitnehmern.
Noch hatte die KPČ-Führung die Massenaufnahme von Mitgliedern nicht eingestellt, als schon die Idee einer Überprüfung, einer Durchleuchtung auftauchte, und zwar bei den Mitgliedern des Parteivorstandes, die sich in der Phase des Anwachsens der Partei besonders hervorgetan hatten (*Slánský*, *Švermová*). Der erste Vorschlag lag schon im Mai auf dem Tisch, das Organisationssekretariat beriet ihn am 2. 7. und der Vorstand billigte die Überprüfung am 9. 7. 1948. Die Durchleuchtung selbst begann am 1. 10. 1948. Wie Slánský erklärte, sollte es Ziel der Überprüfung sein, „die Aktivität der Partei zu heben, das Bewußtsein des Kommunisten zu stärken und dabei ... schlechte Elemente loszuwerden ... Es handelt sich um keine Säuberung".[157])

Im Zusammenhang mit der Überprüfung ergab sich die Frage: wer Parteimitglied sein kann und wie die „schlechten Elemente" zu definieren seien. Als der Entwurf zur Mitgliedsüberprüfung beraten wurde, schlug *Slánský* vor, „kapitalistische Elemente" auszuschließen. Seine Ansicht präzisierte er so:

Man kann sagen, daß eine Ausnahme wohl möglich ist, wenn es um Kulaken, Fabrikanten geht. Aber wir müssen sagen, daß kapitalistische Elemente in die Partei nicht gehören. Ausnahmen können vielleicht bei besonders progressiven Leuten möglich sein. Es könnte geschehen, daß wir innerhalb der Partei feindliche Elemente hätten. Wir müssen sie unverblümt kapitalistische Elemente nennen.[158])

Daß die Weisungen für die „ideologische Festigung, die Überwindung der Passivität und die Reinigung von allen, die in die Partei nicht gehören" besonders klar gewesen seien, kann nicht behauptet werden. Die Vorstandsdiskussion über die Überprüfungen entsprach den üblichen Vorstellungen von der Möglichkeit „der Umerziehung der kapitalistischen Elemente" als einer der „Formen des Klassenkampfes". In einer weiteren Sitzung des Vorstandes schloß *Klement Gottwald* die Diskussion folgendermaßen ab:

Was die Frage der kapitalistischen Elemente angeht, hatten wir bisher kein Mitgliedschaftsverbot für Personen, die aus fremder Arbeit leben. In den bolschewistischen Prinzipien gibt es dieses Kriterium nicht. Dort geht es um die Erfüllung der Mitgliedspflichten. Entscheidend ist die subjektive Beurteilung der verschiedenen Gesichtspunkte zu jedem Mitglied. Entscheidend ist die subjektive Bewertung seines Benehmens, sein Verhältnis zur Partei. Ich meine, daß darin keine besondere Gefahr besteht, daß wir diese Elemente in der Partei haben; sie fallen automatisch ab, wenn wir von ihnen die Erfüllung ihrer Mitgliedspflichten fordern werden.[159])

Einerseits klangen noch Vorstellungen über einen tschechoslowakischen Weg in der „sanften" Behandlung eines Teils der Bourgeoisie an, andererseits warf der künftige „harte Kurs" bereits seine Schatten auf eine strengere Auswahl der neuen Mitglieder. Auf Grund einer Empfehlung der sowjetischen Delegation in der Juni-Tagung des Kominform (*Schdanow*), wurde eine Kandidatenfrist für Bewerber um die Mitgliedschaft in der KPČ eingeführt; „unwürdige Mitglieder der KP sollten in den Kandidatenstand zurückversetzt werden.[160]) *B. Geminder* vermittelte einen Eindruck davon, wie *Schdanow* und *Malenkow* den Ausschluß aus der Partei beurteilten. Sie meinten, „daß der Ausschluß aus der Partei eigentlich den politischen Tod bedeute, daß sich der aus der Partei Ausgeschlossene in einer schlimmeren Lage befinde als ein Parteiloser oder Mitglied einer anderen Partei".[161])

Die spätere Entwicklung sollte diese These voll bestätigen. Die eingeführte Kandidatenfrist wurde für Arbeiter auf ein Jahr, für alle übrigen auf zwei Jahre festgesetzt. Von 2 674 838 Mitgliedern wurden 2 418 199 durchleuchtet und 2 311 060 als Parteimitglieder bestätigt oder in den Kandidatenstand zurückversetzt. So gehörten nun in den tschechischen Ländern zur KPČ von 100 Einwohnern 23,25%, in der Slowakei 8,24%. Der Anteil der Ausgeschlossenen erreichte 1,2% (in der Slowakei 2,5%), der Gelöschten 3,2% (in der Slowakei 9,4%). 522 685 Personen wurden in den Kandidatenstand zurückgestuft, d. h. 21,7% (in der Slowakei 29,7%).[162])

Der Sieg der KPČ im Februar 1948 hatte viele Funktionäre, besonders im Parteiapparat, in einen Machtrausch versetzt. Gesetzesverletzungen, Kommandomanieren und Diktate gegenüber Parteilosen oder Angehörigen anderer politischer Parteien ebenso wie grobe Übertretungen der Parteinormen nahmen ein derartiges Ausmaß an, daß darüber auch die führenden Organe der KP erschraken. Das Organisationssekretariat verurteilte diese Methoden in seinem Beschluß vom 23. 4. 1948, ähnlich auch das ZK der KPČ am 9. 4. 1948.[163]) Auch in der Juni-Sitzung des ZK der KPČ befaßte sich *Gottwald* erneut mit dem Verhältnis der Kommunisten zu den „Massen":

Die Massen führen, das bedeutet nicht kommandieren, sondern überzeugen und gewinnen. Wenn der Partei, Genossen, überhaupt eine Gefahr droht, wenn überhaupt etwas unsere Sache bedrohen kann, so ist es dies. Das kann der Partei am meisten schaden. Wenn wir das nicht früh genug sähen, wenn wir solche Anzeichen von Kommandieren und Diktieren, jede unkommunistische, undemokratische Handlungsweise nicht früh genug abschafften, könnte das unser Verderben werden. Ich wiederhole: Der liebe Gott möge uns alle und jeden von uns davor bewahren, hochnäsig zu werden![164])

Die warnenden Worte fruchteten nichts. In der Praxis kam es zu weiteren Exzessen. Eine Warnung stellte der sogenannte „Karls-

bader Fall“ dar. Im Karlsbader Bezirk hatten sich einzelne Funktionäre, vor allem die Mitarbeiter des Parteiapparats, die Befugnisse gewählter Organe angemaßt und besonders gröblich die Parteistatuten verletzt. Für berechtigte Kritik waren Mitglieder aus der Partei ausgeschlossen, aus der Arbeit entlassen, ausgesiedelt, ja sogar verhaftet worden. So schlossen in einigen Kreisen (z. B. in Marienbad) die Sekretäre selbst Mitglieder aus der Partei ohne Wissen der Grundorganisationen aus. Oder auf Vorschlag des Bezirksinstrukteurs beschloß der Vorstand des Kreisausschusses der KPČ in Asch (Aš) eine ganze Ortsorganisation, deren Mitglied auf einer Versammlung eine unrichtige politische Meinung vorgebracht hatte, in den Kandidatenstand zu versetzen und vier Mitglieder zu verhaften, was auch noch in derselben Nacht durchgeführt wurde. Die Disziplinarkommission des Kreisausschusses in Podersam (Podbořany) schloß ihre Briefe an die Grundorganisationen mit den Worten: „Welches Mitglied der Organisation auch immer gegen unsere Beschlüsse irgendwie verstößt, wird sofort aus der Partei ausgeschlossen und aus dem Dorf ausgesiedelt.“ [165])
Auf der Bezirkskonferenz in Karlsbad, die den „Karlsbader Fall“ behandelte, nannten die Delegierten Dutzende Dörfer, wo gegenüber Kommunisten und Parteilosen ungesetzliche Methoden angewendet worden waren.[166])
Der „Karlsbader Fall“ sollte zu einer Schule für die ganze Partei werden; zur Überwindung ähnlicher Dinge trug er jedoch in anderen Bezirken nur in bescheidenem Maße bei. Die diktatorischen Tendenzen in der Partei wurden immer stärker. Das Verhältnis zwischen Partei und Staats- oder Wirtschaftsinstitutionen funktionierte bereits als Transmissionsmechanismus, während noch in der Parteizeitschrift „Funkcionář“ die Vorfebruarvorstellungen von der führenden Rolle der Partei so klangen:

Bedeutet diese führende Rolle der Partei, daß die Partei über das Volk herrscht? Bedeutet das etwa, daß unser Zentralkomitee oder der Parteivorstand beschließen und daß die Regierung dann ihr ausübendes Organ sei? Bedeutet das etwa, daß die Bezirks-, Kreis- und Ortsausschüsse der Partei regieren und daß die Nationalausschüsse dann nur ihre Beschlüsse oder Anordnungen ausführen? Bedeutet das, daß der Ausschuß der Parteiorganisation in einer Fabrik oder in einer Behörde einen Beschluß faßt und anordnet und daß dann der Direktor oder der Amtsvorstand zusammen mit dem Betriebsrat nur einfach ihre Beschlüsse und Anordnungen erfüllen können? Wenn dies so wäre, hätten wir die Herrschaft der Partei, die Diktatur der Partei . . .[167])

Der Autor dieses Beitrags ahnte damals wohl kaum, wie präzise er den Machtmechanismus in der Tschechoslowakei geschildert hatte — nur mit einem kleinen Nachsatz: aus der Diktatur der Partei entwickelte sich die Diktatur des Politbüros und schließlich die Diktatur *Gottwalds* und einiger Mitglieder des Parteivorstandes, ferngelenkt aus Moskau.
Aus der Diskussion in der KPČ-Führung ist ersichtlich, daß man sich wenigstens teilweise der negativen Seite dessen bewußt geworden war, daß es keine legale Opposition im Lande mehr gab. *Gottwald* drückte diese Befürchtungen auf der Juni- und November-Plenartagung des ZK im Jahre 1948 mit den warnenden Worten über die „Hochnäsigkeit" aus. Diese Sorge brachte ihn auch auf den Gedanken, daß es „politisch vorteilhaft wäre, wenn es außer der Einheitspartei noch einige oppositionelle Gruppen daneben gäbe".[168]) *Antonin Zápotocký* vermutete, Kritiker und Richter der Parteipolitik würden die Massenorganisationen sein — die Gewerkschaftsbewegung und die Nationale Front.[169])
Es gab Vorstellungen, wie die Partei fähig sein könne, sich selbst zu kontrollieren, Normen des innerpolitischen Lebens einzuhalten. Dazu wurde die Parteikontrollkommission geschaffen (gewählt vom Zentralkomitee der KPČ im November 1948); ihr Ziel sollte sein, „Ungehörigkeiten, Mängel, Fälle von Funktionsmißbrauch festzustellen und ihnen vor allem vorzubeugen". Die PKK, die es bisher in den Statuten nicht gab, wurde dem ZK unterstellt. Entscheidungen wurden nach ihrer Bestätigung durch den Parteivorsitz oder das ZK-Sekretariat der KPČ gültig. Bereits diese Beziehung war an sich problematisch. Bevollmächtigte der PKK, die vom Organisationssekretariat des ZK der KPČ (!) ernannt worden waren, wirkten in allen Bezirken und in allen

Ministerien. Sie hatten bedeutende Vollmachten, wie z. B. an allen Sitzungen der Parteiorgane in Bezirken und Kreisen teilzunehmen, in die Tätigkeit der Kommunisten in Massenorganisationen einzugreifen u. ä. Bald schon begannen sie, die Informationen der Sicherheitsbehörden zu verwenden — und umgekehrt. Bis zum IX. Parteitag griff die PKK nicht sonderlich ins Parteileben ein. Später, zu Anfang der fünfziger Jahre, spielte sie eine düstere Rolle.

Gedanken über geheime Wahlen der Parteiorgane als Prinzip für die richtige Auswahl der Funktionäre und für die Kontrolle ihrer Tätigkeit ebenso wie als Instrument des Kampfes gegen diktatorische Methoden wurden geäußert. Allen Mitgliedern des Organisationssekretariats gefielen solche Vorschläge von *Marie Švermová* und alle hielten sie für gut — die Änderung wurde dennoch nicht angenommen. Man argumentierte, daß dies verfrüht sei, da die Partei noch nicht gefestigt sei; sie könnte durch innere Gruppen oder auch von einzelnen geschwächt werden; das Bewußtsein der Mitglieder sei noch unterentwickelt. Einige Mitglieder der Parteiführung vermuteten, diese Änderung könne in ein bis zwei Jahren durchgeführt werden.[170]) Aber dazu kam es natürlich nicht.

c) Der Personenkult

Gottwald gelangte zur Parteispitze in einer Zeit der tiefen inneren Parteikrise 1928—1929, in der Zeit der Bolschewisierung der kommunistischen Parteien. Von 1928 an war er Mitglied der Exekutive der III. (kommunistischen) Internationale; auf dem VII. Kongreß wurde er 1935 in ihr engstes siebenköpfiges politisches Sekretariat gewählt. Oft wurde er von seinen Mitarbeitern in der KPČ-Führung als „einer der fähigsten Schüler *Stalins*" bezeichnet. Seine Autorität stieg nach dem Krieg, nach den siegreichen Wahlen 1946 und insbesondere nach dem Februar ungemein („Genosse *Gottwald* führte die Partei zum Sieg"). Wie bei

Stalin entstand um ihn ein Persönlichkeitskult. Die Parteiorgane nahmen Gottwalds Standpunkte, Ansichten und Schlußfolgerungen als unanzweifelbar, undiskutierbar an. Diese bekannten äußeren Phänomene zeigten sich bereits 1948. Zu *Gottwalds* 52. Geburtstag (22. 10.) veranstaltete das Organisationssekretariat des ZK der KPČ z. B. riesige Feiern — bei der Gelegenheit wurden Fabriken, Schulen, Straßen, ja sogar eine ganze Stadt nach *Gottwald* umbenannt. So trug auch schon das Jubiläum des V. Kongresses der KPČ Züge einer Glorifizierung *Gottwalds* unter der Parole „Klement Gottwald 20 Jahre an der Spitze der KPČ".[171])

Später wurde ein Beschluß über die Begründung des Instituts für die Geschichte der KPČ gefaßt. Seine Hauptaufgabe sollte sein, „die Schriften K. Gottwalds zu sammeln und herauszugeben". So schlug damals schon das Verhältnis Partei : Person ins Gegenteil um — in offenem Widerspruch zum klassischen Marxismus —, als ob es Aufgabe der Partei sei, die „Richtlinien" der Führer auszuführen. Deutlich begannen sich damals schon alle Züge des Personenkults (des Stalinismus), die ihre Anfänge in der KPdSU und in der internationalen kommunistischen Bewegung der dreißiger Jahre haben, auszubreiten. Verdienste wurden nicht allein bei *Gottwald* überschätzt, sondern auch bei anderen führenden Funktionären. Dies geschah, obwohl sich *Gottwald* selbst anfangs dieser Praxis widersetzt hatte; von der Veranstaltung der Feiern zu seinem 52. Geburtstag bat er überhaupt Abstand nehmen zu wollen; ebenfalls gegen die vorgeschlagene Parole zum IX. Parteitag bezog er eine ablehnende Stellung:

Soweit es um die Hauptparole geht, empfehle ich ‚Mit der KPČ voran zum Sozialismus'; wenn es jedoch sein muß, stimme ich aber auch mit der Parole ‚Mit Klement Gottwald voran zum Sozialismus' überein.[172])

Und auf dem IX. Parteitag erschien sogar der Slogan: „Gottwald — das ist die Partei; die Partei — das ist Gottwald!"
Durch die Übernahme wichtiger Staatsfunktionen und die Kumulation verschiedener Funktionen verloren die führenden Männer

bald den Kontakt mit den unteren Bevölkerungsschichten und insbesondere mit den einfachen Parteimitgliedern. Sehr bald kam es auch zur Deformation des Erkenntnisprozesses in der Partei, die Elemente des Subjektivismus wurden immer stärker: anstelle von Analysen der gesellschaftlichen Realität und anstelle kritischen Wertens der eigenen Tätigkeit trat die Ansicht oder die Wertung der führenden Funktionäre der KPČ in den Vordergrund, wobei diese wiederum die Bestätigung der Richtigkeit ihres Tuns in *Stalins* Aussagen oder Anweisungen suchten. So sagte z. B. *Marie Švermová* auf der Bezirkskonferenz in Jungbunzlau (Mladá Boleslav) 1949:

Unser Weg ist richtig; dies wurde aus berufenstem Mund bestätigt – gerade durch den Besuch von Genosse Gottwald in Moskau, durch das herzliche Verhältnis von Genosse Stalin zu unserer Partei, zu unserem Land und zu Genosse Gottwald besonders.[173])

Zum System des Personenkults gehörten auch die Polizeimethoden, die nach dem Februar in der Parteiarbeit Eingang fanden. Einer der ersten Fälle war der „Fall Kolman". Professor *Arnošt Kolman* war ein bekannter marxistischer Philosoph und Ideologe in der KPČ (er stammte aus Böhmen, während des Ersten Weltkriegs fiel er in russische Gefangenschaft; nach der Oktoberrevolution blieb er in Rußland und wirkte in den zwanziger Jahren als „Roter Professor"; auf Einladung Professor *Zdeněk Nejedlýs* und der KPČ-Führung kam er nach Prag, um hier die ideologische Front der KPČ, insbesondere an der Philosophischen Fakultät, zu stärken). Eine gewisse Zeit war er Leiter der ideologischen Abteilung im ZK der KPČ, dann mußte er sein Amt im Apparat der KPČ räumen und wirkte nur mehr an der Universität und in der Sozialistischen Akademie. Kurz nach der Resolution des Kominform über die Situation in der jugoslawischen KP (*Gottwald* befand sich gerade bei *Stalin* auf der Krim), trat *Kolman* auf einem Meeting der Grundorganisation im Sekretariat des ZK der KPČ mit einer scharfen Kritik der bisherigen Parteipolitik auf. Er behauptete, „die Politik des Genossen Gottwald sei im wesentlichen richtig, aber die praktische Führung der

Partei (Slánský, Bareš, Švermová) deformiere diese Politik; die Partei gerate so von marxistisch-leninistischer Position auf eine Plattform zwischen den Klassen". *Kolman* forderte eine Änderung der Parteipolitik.[174]) Ausgangspunkt der Kritik *Kolmans* war eine sektiererische Linksposition; es ging um eine Kritik jener Momente, die noch vom sogenannten „tschechoslowakischen Weg" übriggeblieben waren. Mit *Kolman* stimmten viele, besonders jüngere Mitarbeiter des ZK-Apparates überein. Der Parteivorstand verurteilte das Auftreten *Kolmans* und beschloß, den Fall erst nach der Rückkehr *Gottwalds* abzuschließen.[175]) Nach 14 Tagen beschloß der Parteivorstand, „im Sekretariat des ZK der KPČ Kolmans Ausschluß aus der Partei durchführen zu lassen". Aber das genügte nicht. Die innerparteiliche Lösung wurde noch durch administrativen und geheimpolizeilichen Eingriff „ergänzt". Auf Grund einer Abmachung *Gottwalds* mit *Stalin* wurde *A. Kolman*, sowjetischer Staatsbürger mit doppelter Parteizugehörigkeit (KPČ und KPdSU), per Flugzeug nach Moskau verfrachtet und längere Zeit inhaftiert. Beim Verlassen der Wohnung mußten *Kolman* und seine Familie alles zurücklassen; es wurde ihnen lediglich gestattet, einen Handkoffer mit Wäsche und persönlichen Gebrauchsgegenständen mitzunehmen. *Kolman* schrieb vor seiner „Abreise" an die KPČ-Führung einen entschuldigenden Brief, „selbstkritisch" gab er zu, er habe sich von der polnischen Analogie (*Gomulka*) verführen lassen. Die Mitarbeiter des ZK-Apparats, die *Kolmans* Standpunkt für richtig befunden hatten, erhielten Parteistrafen und wurden aus dem Apparat des ZK der KPČ entlassen. *Kolman* kam mit seiner Forderung der Sowjetisierung anscheinend zu früh und ungelegen. Später wurde er rehabilitiert, arbeitete dann am Philosophischen Institut der Akademie der Wissenschaften der UdSSR. Ende der fünfziger Jahre kehrte er in die Tschechoslowakei als Direktor des Philosophischen Instiuts der Tschechoslowakischen Akademie der Wissenschaften zurück und gehörte zu den vornehmsten und tapfersten Kämpfern um die Rehabilitierung unschuldig verurteilter Menschen.

Ein Eingriff der Staatsorgane in das Parteileben erfolgte auch im sogenannten „Karlsbader Fall". Die Organe der PKK verletzten gröblichst die Parteistatuten, in die Beratungen mischten sich schon unmittelbar die Organe der Staatssicherheit ein. Einige Funktionäre wurden noch vor dem Abschluß der Parteiverfahren verhaftet und vor Gericht gestellt. *Jarmila Taussigová*, eine führende Mitarbeiterin der PKK, erblickte im „Karlsbader Fall" ein typisches Beispiel für die Tätigkeit des Klassenfeindes; den Hauptschuldigen (*Tannenbaum*) charakterisierte sie mit den Worten: „Es ist ein Klassenfeind, der sich in unsere Partei eingeschlichen hat, um zielbewußt zu schädigen." [176]) Sie unterbreitete dem Organisationssekretariat des ZK der KPČ einen Vorschlag, wonach mehr als 200 Funktionäre aus dem Karlsbader Gebiet mit Parteistrafen belegt und davon 22 Hauptschuldige aus der Partei ausgeschlossen werden sollten. Einige Jahre später wurde die *Taussigová* selbst aus der Partei ausgeschlossen, der Sabotagetätigkeit angeklagt und viele Jahre eingekerkert. Das Organisationssekretariat des ZK der KPČ lehnte wohl den Vorschlag der PKK auf einen massenweisen Ausschluß aus der Partei ab — verurteilte jedoch keineswegs die Ermittlungsmethoden. Die Kombination von Partei- und Polizeimethoden, die bisher durchaus ungewohnt war, wurde schrittweise eingeführt (die Methoden der Provokation und der Überschreitung von Gesetzen wurden allerdings schon früher gegen die nichtkommunistische Opposition angewendet!).

Die Hauptfragen: welche Stellung die Partei nach dem Februar einzunehmen habe, wie sie ihre führende Rolle auszuüben habe (ihre führende Rolle in der Gesellschaft betrachteten die Kommunisten als endgültig entschiedene und unbestreitbare Sache) und wie dieser Tatsache die innere Struktur der Partei und die Methoden ihrer Arbeit anzupassen seien — diese Fragen waren weder theoretisch geklärt noch definitiv beantwortet. Wie ehedem suchte die KPČ-Führung die Lösung von Fall zu Fall in der Praxis; immer mehr verstärkten sich die negativen Tendenzen der Sowjetisierung. Die KPČ schlug den „harten Kurs“ in allen Bereichen ein.

Die Parteiführung hatte bislang nicht einmal in allgemeiner Form die Funktion der Partei im ganzen Lenkungssystem der Gesellschaft definiert, sie hatte nicht die Grenze zwischen der Tätigkeit von Parteiorganen und -organisationen und der Tätigkeit von Staats- und Wirtschaftsorganen gezogen. Gleichzeitig mit dem Eindringen bürokratischer und polizeipolitischer Methoden in die Tätigkeit der Partei hob auch die unmittelbare Ersetzung von Massenorgansationen sowie Staats- und Wirtschaftsorganen durch Parteiorgane an. Auch die Struktur des Parteiapparats wurde den Staats-, Wirtschaftsinstitutionen usw. angepaßt. Die KPČ erhielt das Profil eines Trägers des politischen Machtmonopols. Die exklusive Stellung der Parteiorgane, insbesondere des Parteiapparats, brachte bald viele „Kompetenzstreitigkeiten“ (dabei ging es um den Machtanteil von einzelnen und Gruppen) und viele Differenzen zwischen dem Parteiapparat und den Repräsentanten der Organe, die vom Apparat supponiert werden. Derartige „Mißverständnisse“, z. B. zwischen *Slánský* und *Zápotocký*, fanden sich später auch in der Zeit der Prozesse in den Büchern unter Soll und Haben verzeichnet und führten zu mehr als einer Tragödie. Sicher war es kein Zufall, daß auch *Gottwald* bei der Anschuldigung *Slánský's* die bekannte Frage stellte: „Wo wird denn nun eigentlich regiert — auf dem Hradschin oder am Pulverturm?“ (wo sich das Sekretariat des ZK der KPČ befand).

12. Schlußfolgerung

Seit Mitte 1948 machte die Tschechoslowakei ernste Wirtschaftsschwierigkeiten durch: eine katastrophale Mißernte im Jahre 1947, Schwarzmarkt, Störungen in der Lebensmittelversorgung und mangelnde Sättigung des Marktes mit Industriegütern — das alles erweckte in der Bevölkerung Unruhe. Der Zweijahresplan wurde in einigen wichtigen Bereichen nicht erfüllt. So erreichte die Verbrauchsgüterindustrie 1948 nur 79,8 % verglichen mit dem Jahre 1937; die Lebensmittelindustrie sogar nur 67,7 %. Auch im Bauwesen wurde der Plan nicht erfüllt. Große Schwierigkeiten entstanden im Außenhandel, wo die beschleunigte Umstellung auf die UdSSR und die Volksdemokratien die tschechoslowakische Wirtschaft hart traf. Die Löhne wuchsen schneller als die Erzeugungsgüter und die Arbeitsproduktivität: dies verstärkte die inflationären Tendenzen. Alle diese Tatsachen schwächten die Autorität des Plans und das Vertrauen zur Planung überhaupt. Über diese Fragen diskutierte man auch im Parteivorstand der KPČ, wo *Gottwald* u. a. erklärte, daß „der Plan in den Augen bestimmter Schichten diskreditiert" sei angesichts dessen, daß sich während des Zweijahresplans das Lebensniveau nicht so erhöht habe, wie es geplant gewesen sei.[177])

Zu dieser Zeit waren gerade die vorbereitenden Arbeiten zum ersten Fünfjahresplan in ihre Schlußphase getreten. Hatte man gehofft, die durch die Umschaltung vom kapitalistischen Weltmarkt auf den ökonomischen Verband mit den industriell schwach entwickelten Ländern entstandenen Schwierigkeiten würden wenigstens teilweise überwunden durch die Schaffung des Rats für gegenseitige Wirtschaftshilfe (Comecon) in Moskau — im Januar 1949, wurden diese Hoffnungen nicht erfüllt. Den tschechoslowakischen Vertretern gelang es auch in der zweiten Sitzung des Comecon im April 1949 nicht, ihr eigenes Konzept durchzusetzen: den Parallelismus in der Produktion zwischen den verschiedenen volksdemokratischen Ländern zu überwinden, das gemeinsame Vorgehen im Handel mit den kapitalistischen Staaten zu klären, eine einheitliche Rohstoffbasis zu schaffen, die Entfaltung der Produktivkräfte der Comecon-Länder zu koordinieren usw. Die angedeutete Konzeption war der Ausdruck sowohl der Bedürfnisse des entstehenden sozialistischen Systems (später noch einmal präzisiert für die sogenannten ökonomischen Gebiete), als auch der Schwierigkeiten und Probleme der Tschechoslowakei als der „Schmiede des sozialistischen Europas".

Alle — auch *Stalin* — stimmten mit den teschechoslowakischen Anregungen überein; desungeachtet wurden sie nicht Grundlage der Tätigkeit des RWG. Die wirtschaftliche Zusammenarbeit zwischen den Mitgliedsländern des RWG beschränkte sich über eine langandauernde erste Etappe im wesentlichen auf Außenhandel und langfristige bilaterale Verträge.[178])

Der ursprüngliche Entwurf des ersten Fünfjahresplans war von einer verstärkten Rolle der Schwerindustrie, besonders des Maschinenbaues, ausgegangen — er hatte jedoch noch die Notwendigkeit respektiert, die Wirtschaft als Ganzes zu entwickeln und die Proportionen zwischen den einzelnen Wirtschaftszweigen einzuhalten. Spätere Eingriffe, insbesondere die zweifache wesentliche Erhöhung der Aufgaben der Schwerindustrie 1951 im Zusammenhang mit dem Koreakrieg, mit der Rüstung und der erhöhten Nachfrage nach Stahl und Eisen und schließlich mit der Industrialisierung der osteuropäischen Länder führten dazu, daß jene „eiserne Konzeption" durchgesetzt wurde, die die ganze weitere Entwicklung der tschechoslowakischen Wirtschaft gezeichnet hat und deren negative Konsequenzen heute noch nicht überwunden sind. Die Entfaltung der Leichtindustrie und der Zweige, die dem Konsum und der Entwicklung des Lebensniveaus der Bevölkerung dienen, wurde vernachlässigt. Die sowjetische Industrialisierungsmethode (angewandt auf industriell entwickeltes Land), der Weg einer extensiven Wirtschaft hatte schon 1953 katastrophale Folgen für die tschechoslowakische Wirtschaft bewirkt. Die Tschechoslowakei ertrug nicht die Last der übermäßigen Investitionen in die Schwerindustrie und war gezwungen, kurz nach dem

Tode *Stalins* und *Gottwalds* eine zweite Währungsreform durchzuführen. Für die Tschechoslowakei bedeutete dies die erste schwere Erschütterung des kommunistischen Regimes, da von dem Eingriff sowohl die Arbeitermassen wie die Kommunistische Partei selbst betroffen waren.

Die Kritik an den jugoslawischen und polnischen Kommunisten im Kominform erweckten auf dem tschechoslowakischen Dorf Befürchtungen und Unsicherheit, die Angst, es würden nun doch Kolchosen errichtet, auch wenn man vor und nach dem Februar das Gegenteil behauptet hatte. Unter dem Einfluß des Kominform und der Unterredungen *Gottwalds* mit *Stalin* legten die Landwirtschaftskommission und der Wirtschaftsrat des ZK der KPČ im Oktober 1948 dem Parteivorstand die Unterlagen zu „Fragen der Agrarpolitik" vor.[179])

Im Parteivorstand diskutierte man auf etlichen Sitzungen über die Überleitung der Agrarkleinproduktion in die sozialistische Großproduktion. Die Ansichten waren außerordentlich kontrovers; betont wurde jedoch das Prinzip der Freiwilligkeit für den Beitritt der Bauern zu den einheitlichen landwirtschaftlichen Genossenschaften (JZD). Die Praxis verlief anders. Trotz aller Bemühungen der kommunistischen Funktionäre, die Bauern davon zu überzeugen, daß die JZD keine Kolchose seien, hegten die Bauern weiterhin Mißtrauen und lehnten es ab, den Genossenschaften beizutreten.[180])

Mitte Mai 1949 wertete die KPČ-Führung die Ergebnisse der Kampagne zur Gründung von JZD's — die Vorstellungen von einer Blitzentfaltung des Genossenschaftswesens machten einer Ernüchterung Platz. *J. Frank*, Sekretär des ZK der KPČ für Wirtschaftsfragen (später im Slánský-Prozeß angeklagt und hingerichtet), führte an, daß gegen die Gründung von JZD's nicht nur Groß-, sondern ebenso Mittel- und Kleinbauern seien; die Bauern argumentierten, dies sei nur die erste Stufe der Kollektivierung — das Endergebnis würden Kolchosen sein wie in der Sowjetunion. Die Ratschläge *Klement Gottwalds*, man solle „nicht von Kolchosen sprechen, sondern sie machen", hatten also nicht viel geholfen.[181]) Darum gelangte die KP-Führung zum Ergebnis: keine Orientierung auf eine Massenentwicklung der JZD, sondern Festigung der bestehenden Genossenschaften und Errichtung eines vorbildlichen JZD in jedem Kreis als attraktives, beispielhaftes Muster.[182]) Trotz der offiziell herausgegebenen Richtlinie, die vor jeglicher Hektik warnte und den Kreiskomitees der KPČ empfahl, sich lediglich auf einige Dörfer, wo dazu die besten Bedingungen herrschten, zu konzentrieren — war die Praxis anders. Schwierigkeiten und Mißerfolge verlangten administrative und repressive Methoden.

Seit Sepember 1948 setzte sich auch auf dem Gebiet der Politik gegenüber den Gewerbetreibenden der harte Kurs durch — der „Übergang zu höheren Wirtschaftsformen" wurde beschleunigt. Die KPČ-Führung begründete dies so: in der Praxis sei es notwendig, das Prinzip der weiteren Einschränkung kapitalistischer Elemente anzuwenden; viele Angehörige dieser Schichten hätten insbesondere zur Zeit des Slet der Sokoln die Angriffe reaktionärer Kräfte unterstützt oder gar sich an ihnen beteiligt; viele Gewerbetreibende seien am Schwarzmarkt beteiligt; sie verbreiteten Flüsterpropaganda, verschiedenes reaktionäres Gerede und Alarmgerüchte; es ertönten gerade aus ihren Reihen häufig Stimmen der Unzufriedenheit, obwohl sie große Gewinne einheimsten.[183])

Die November-Plenarsitzung des ZK der KPČ 1948 verkündete dann auch die Linie der „Beschränkung und Verdrängung der kapitalistischen Elemente", also ihrer schrittweisen Liquidierung. Zur Kategorie der „kapitalistischen Elemente" wurden Gewerbetreibende, die mehr als nur eine fremde Arbeitskraft beschäftigten, gerechnet. Das war eine bedeutende Veränderung gegenüber den bisherigen Ansichten der KPČ, wer als Kapitalist zu betrachten sei. Das erweckte natürlich wiederum Unsicherheit und Furcht vor der zukünftigen Entwicklung — besonders als ein Großteil der Gewerbetreibenden keine Lebensmittelkarten und Kleiderkarten mehr erhielten. Viele Gewerbetreibende, Mitglieder der KPČ, stimmten mit dem neuen Kurs der Partei keineswegs überein und brachten auch ihre kritischen Anmerkungen auf Parteikonferenzen zum Ausdruck.[184])

Ein Teil der Gewerbetreibenden und Handwerker meldeten aus Unsicherheit oder Panik ihre Gewerbe ab, legten sie still und wurden Lohnarbeiter in der Industrie. Die Nationalunternehmen unterstützten diesen Prozeß, der ihnen oft äußerst qualifizierte Arbeitskräfte zuführte. Es hub ein spontaner Prozeß an, der der Volkswirtschaft bedeutende Schwierigkeiten machen sollte. Denn dem Staat gelang es fortan nie wieder, die Bedürfnisse der Bevölkerung, insbesondere auf dem Gebiet der Dienstleistungen, zu befriedigen. Einige Bezirksausschüsse faßten sogar als ihr Geschenk zum IX. Parteitag der KPČ 1949 den Beschluß, alle Gewerbe zu liquidieren. Die Diskussion über das Vorgehen gegenüber den Gewerbetreibenden schloß *Gottwald* im Parteivorstand mit den Worten ab:

Soweit es sich um Handelsgewerbe handelt, müssen wir weiterhin hart den Kurs vertreten, sie auf trockenem Weg zu liquidieren: durch Übernahme, Aufkaufen, Stillegen, um in der allernächsten Zeit ein Distributionsnetz bis zum Konsumenten hin in der Hand zu haben. Soweit es sich um Handwerke handelt, wird das umsichtiger vor sich gehen. Was das Dienstleistungsgewerbe angeht, nun, das stört uns bis auf weiteres nicht.[185])

Der harte Kurs gegen die „Reste der Bourgeoisie, unwürdige Gewerbetreibende, Handwerker und Bauern“ war die Antwort der KPČ auf die wirtschaftlichen Schwierigkeiten im Lande. Sie versuchte damit, die Aufmerksamkeit von den wirklichen Ursachen der wirtschaftlichen Mißerfolge abzulenken. Bald „vergaß“ sie die Versprechen, daß „die private kleine und mittlere Produktion sowie die Gewerbe erhalten bleiben sollten“.

Der Wirtschaftsapparat der Vorfebruarperiode, der der Dreisektorenwirtschaft entsprach, wurde nach dem Februar zerschlagen. Es begann die Entfaltung jener Elemente der gelenkten Wirtschaft, die für das direktive Plansystem typisch sind. Rücksichtslos wurden die Wertbeziehungen in der Volkswirtschaft liquidiert. Dies entsprach eigentlich einer Notstandswirtschaft, in der ökonomische Instrumente nicht ausreichen, um die erwünschte Richtung der ökonomischen Proportionen zu sichern und in der nur durch dirigistische Methoden die Übereinstimmung von Angebot und Nachfrage erhalten bleiben kann. Es begann die blinde Nachahmung des sowjetischen Modells und seiner Wirtschaftsmethoden, die Verschleierung der Unrentabilität vieler Nationalunternehmen, es wurden heimliche Umschichtungen zugunsten der Rüstungsindustrie vorgenommen, die Ergebnisse im Bereich des Außenhandels — insbesondere die Handelsbilanz mit der Sowjetunion — wurden verheimlicht und gefälscht. Später eliminierte die unmittelbare direktive Planung in bedeutendem Maß den Einfluß von Wertbeziehungen und „Erwägungen über Rentabilität". Unter den Bedingungen eines dauernden Spannungszustandes zwischen Quellen und Bedürfnissen mußten dann die Elemente der gelenkten „Nostandsökonomik" mit voller Intensität zur Geltung kommen und eine Verlangsamung der Effektivität der gesamten Volkswirtschaft der Tschechoslowakei herbeiführen.[186])

Das Kominform wurde in *Stalin's* Händen zu einem wirksamen Instrument für die ideologisch-politische Vorbereitung der beschleunigten Sowjetisierung der europäischen volksdemokratischen Länder. In alle Militär-, Sicherheits- und Wirtschaftsbereiche gelangten sowjetische Berater. Als 1968 in der Tschechoslowakei zum ersten Mal vor der Öffentlichkeit ihre wirkliche Rolle enthüllt wurde, veröffentlichten die Sowjets einen Brief *Gottwalds*, in dem der tschechoslowakische Kommunistenführer an *Stalin* mit der Bitte herantritt, die Sowjetregierung wolle diese Berater in die Tschechoslowakei entsenden. *Stalin* scheint ein vorausschauender Mensch gewesen zu sein: für alle Fälle wünschte er schriftliche Unterlagen zu haben. In Wirklichkeit kann vorausgesetzt werden, daß die Anregung zur Entsendung der Berater von sowjetischer Seite ausgegangen ist. Damit soll jedoch keineswegs die Verantwortung der KPČ und insbesondere ihrer führenden Funktionäre, die sich ohne Widerstand den Diktaten Moskaus und des Kominforms beugten, skrupellos das Programm des

tschechoslowakischen Wegs zum Sozialismus über Bord warfen und mit Elan und Fanatismus die Errichtung des sowjetischen sozialistischen Modells in Angriff nahmen, verringert werden. Wie gesagt, enthielt das Konzept des „spezifischen Wegs" von Anfang an viele Unklarheiten, widersprüchliche Elemente und Probleme. Viele führende Funktionäre nahmen daher die Umschaltung auf die Sowjetisierung mit Erleichterung auf, denn von nun an begab sich die Tschechoslowakei auf den „erprobten sowjetischen Weg" unter direkter Führung des „genialen *Stalin*" selbst. Das politische System aus der Vorfebruarperiode, das auf der Grundlage mehrerer politischer Parteien errichtet gewesen war, wurde durch ein Modell ersetzt, in dem die KPČ das Machtmonopol übernahm und die übrigen politischen Parteien und die Massenorganisationen zu „Transmissionsriemen" verurteilte. Die ehemaligen politischen Partner in der Nationalen Front wurden im Handumdrehen als Klassenfeinde deklariert — diese Einstellung nahm die KPČ auch zur Masse der sozialdemokratischen Funktionäre ein, die es ablehnten, der KP beizutreten und die Sowjetisierung der Tschechoslowakei gutzuheißen. Als Partner in der Nationalen Front war die KPČ bereit, nur den zu akzeptieren, der sich widerspruchslos der „führenden Rolle der kom-
die Drohung des *Václav Kopecký*, die dieser Spitzenfunktionär in einer öffentlichen Rede in Reichenberg längst vor dem Februar ausgestoßen hatte: „Die Reaktion regelrecht zur Ader lassen."

Die Aufmerksamkeit der Kommunisten übertrug sich alsbald auf die Fahndung nach den „Feinden in der Partei"; von einem spezifischen Weg zum Sozialismus war keine Rede mehr. Führende Funktionäre der KPČ wurden als „Agenten des Imperialismus", als „Verräter und Renegaten", als „Bürgerliche Nationalisten" und später als „Zionisten in Diensten des amerikanischen Imperialismus" verhaftet. Auf die Frage, wie es möglich sei, daß so viel bedeutende, erfahrene Funktionäre vom „wahren Pfade" abkommen konnten, gab es eine Antwort: „Wer in scharfen geschichtlichen Kurven nicht fest im Sattel sitzt, fliegt hinaus." Wer so sprach, saß ebenfalls bald hinter Gittern. Die Rücksichtslosigkeit, mit der man zuerst gegenüber den ehemaligen Partnern in der Nationalen Front vorgegangen war, traf nun unerbittlich die Funktionäre der KPČ selbst.

Die Manipulierung war fast vollkommen. Die große Mehrzahl der Kommunisten glaubte an die phantastischen Beschuldigungen in den politischen Prozessen der fünfziger Jahre und viele konnten den Tag kaum erwarten, wann nun endlich „der tschechoslowakische *Rajk*" gefunden würde! Kinder sagten sich von ihren Vätern los, Frauen von ihren Männern — der kritische Verstand wurde ersetzt durch die bedingungslose Ergebenheit gegenüber der Partei und den Glauben an die Unfehlbarkeit *Gottwalds* und *Stalins*. Die Verhaftungen nahmen kein Ende — und die gegenseitigen Verdächtigungen ebenfalls. Denen, die in ihrer Verzweiflung fragten, wem sie denn nun überhaupt noch glauben sollten, wurde zur Antwort gegeben: „Der Partei glaubt, Genossen!"

Erst nach dem XX. Parteitag der KPdSU 1956 tauchten im Zusammenhang mit der Kritik am „Personenkult" wieder Überlegungen über verschiedene Wege zum Sozialismus auf. Besonders nachhaltig beeinflußten *Togliattis* Reden die theoretischen Diskussionen über dieses Thema. Viele gesellschaftswissenschaftliche Theoretiker hielten die Kritik *Chruschtschows* an „*Stalins* Deformationen des Sozialismus" für ungenügend und forderten eine kritische Analyse des gesamten stalinistischen Systems. Nur einzelne in der KPČ, meistens Intellektuelle, waren sich damals vielleicht des Ausmaßes der Tragödie der Entwicklung in der Tschechoslowakei bewußt, die nach dem Februar eingesetzt hatte. Sie versuchten, die Einberufung eines außerordentlichen Parteitags und die Rehabilitierung der unschuldig Hingerichteten oder Inhaftierten zu erreichen. Die Parteiführung der KPČ nutzte die Parteikrise in Polen und den Aufstand in Ungarn 1956 zu einem harten Gegenschlag gegen alle, die sich für eine Veränderung in der Partei eingesetzt hatten. Schlußfolgerungen aus den Verbrechen wurden in der Tschechoslowakei — bis auf kleinere Ausnahmen — nicht gezogen. *Novotnýs* Parteiführung überdauerte glücklich auch diesen Sturm.

Die wirtschaftliche Stagnation, die unter äußerem Druck immer wieder erzwungen und immer wieder inkonsequent durchgeführten Rehabilitierungen, die nationalen Probleme (die Beziehungen zwischen Tschechen und Slowaken) u. a., untergruben jedoch immer mehr das Regime *Antonín Novotnýs*. Anfang der sechziger Jahre lehnten Historiker und Parteitheoretiker bei der Vorbereitung der Rehabilitierung der sogenannten slowakischen bürgerlichen Nationalisten *Husák*, *Novomeský*, *Clementis* u. a. die Forderung der Parteiführung ab, „die Schuld der bürgerlichen Nationalisten" zu beweisen (eine Kommission, benannt nach dem Barnabitenkloster in Prag, wo sie von der Welt hermetisch abgeschlossen, das Archivmaterial sichtete und bearbeitete). Zum ersten Mal gelangten hier Historiker an einen Teil von Archivquellen zu den Prozessen der fünfziger Jahre; die Analyse einer Kommission von Experten führte dann zur eindeutigen Schlußfolgerung, daß diese Prozesse, ebenso wie die anderen, künstlich konstruiert waren.

Seit 1964—1965 konzentrierte sich die Aufmerksamkeit der Historiker auf die Republik vor München, auf den antifaschistischen Widerstand, auf die Jahre 1945—48 und die fünfziger Jahre. Ebenfalls die Geschichte der Komintern und des Kominform wurde sorgfältig studiert und die Tätigkeit dieser Institutionen wurde kritischer Beurteilung unterworfen. Auf der Konferenz zum 30. Jahrestag des VII. Kongresses der Kommunistischen Internationale, die 1965 vom Institut für die Geschichte der KPČ in Prag einberufen wurde, verteidigte als einziger von allen Teilnehmern die Politik der Kommunistischen Internationale in den dreißiger Jahren *Bruno Köhler* (vor dem Krieg Mitglied des Politbüros, seit 1948 leitender Funktionär in der ideologischen Abteilung des ZK der KPČ, später Sekretär des ZK für Personalfragen und Mitglied der Hauptkommissionen zur Vorbereitung der politischen Prozesse in den fünfziger Jahren, 1968 wurde seine Mitgliedschaft in der KP sistiert zusammen mit *Novotný*, im Sommer 1971 wurde dieser Beschluß wieder rückgängig gemacht).

Ähnliche Tendenzen vertraten viele Gesellschaftswissenschaftler an einflußreichen Arbeitsplätzen, wie z. B. in der Parteihochschule, im Institut für die Geschichte der KPČ, in der Militärpolitischen Akademie, an den Instituten der Tschechoslowakischen Akademie der Wissenschaften, an den Lehrstühlen für Marxismus-Leninismus an Universitäten und Hochschulen u. a. m. Viele von ihnen gehörten noch in den fünfziger Jahren zu den Dogmatikern und Apologeten des damaligen Regimes — die Konfrontation von Theorie und Praxis, das eigene langjährige Studium wissenschaftlicher Literatur waren Ursache für die tiefen Verwandlungen in ihren politischen Anschauungen und Einstellungen gewesen.

Die Ökonomen arbeiteten ein neues Modell aus, das eine dynamische Entwicklung der tschechoslowakischen Wirtschaft gewährleisten sollte; ein ausgedehntes Arbeitsteam hervorragender wissenschaftlicher Mitarbeiter der Tschechoslowakischen Akademie der Wissenschaften und anderer Institutionen legte ein Konzept vor, das die unumgänglich notwendigen Wege der Tschechoslowakei in die Phase der wissenschaftlich-technischen Revolution skizzierte — wenn dieses Land nicht für alle Zeiten hinter den industriell entwickeltsten Staaten zurückbleiben sollte. Auf vielen, oft halbillegal einberufenen Konferenzen erklangen Forderungen, es müsse neben dem ökonomischen Modell auch ein neues komplexes gesellschafts-politisches Modell erarbeitet werden, das den tschechoslowakischen Bedingungen entspräche, konsequent den Stalinismus ausmerze und eine Symbiose von Demokratie und Sozialismus anstrebe. Eine ungemein bedeutsame Stütze dieses ganzen intellektuellen Reifeprozesses in den sechziger Jahren war die Kulturfront und ihre Presseorgane Literární listy, Plamen, Kulturný život u. a. Auf den Seiten dieser Blätter erschienen regelmäßig nicht nur gewichtige kritische Analysen des gegenwärtigen Standes im Lande, sondern auch Forderungen nach Abstellung von Mißständen — und dies trotz harter Eingriffe von Zensur, Staats- und Parteiorganen.

Langjährige theoretische Vorbereitungen, die die ungarischen und polnischen Erfahrungen berücksichtigten und die ebenfalls aus mannigfaltigen Quellen der zeitgenössischen Sozialwissenschaften des Westens schöpften, machten es in der Tschechoslowakei im Jahre 1968 möglich, daß hier das bisher ausgereifteste und komplexeste Modell des Reformkommunismus entstehen konnte. Es ging von der gegebenen gesellschafflichen Realität aus, von den sozial-ökonomischen, politischen und kulturellen Umwälzungen, die in der tschechoslowakischen Gesellschaft in den letzten zwanzig Jahren stattgefunden hatten. Die Reformpolitiker nahmen das Risiko auf sich — ohne sich allerdings immer dessen Größe bewußt zu sein — das mit dem Versuch um eine Veränderung des gegebenen politischen Systems verknüpft war. Sie nahmen das Risiko auf sich, weil auch das gemäßigt stalinistische Regime *A. Novotnýs* den Menschen keine echte Perspektive gab und weil sie fürchteten, sie könnten eine große, kaum wiederholbare geschichtliche Chance verpassen.

Zeittafel

1918 *Oktober 28. Ausrufung der Tschechoslowakischen Republik. Prof. Dr. Tomáš G. Masaryk – Staatspräsident*

1929 *Februar 18.–23. V. Parteikongreß der KPČ, junge bolschewistische Gruppe mit Klement Gottwald an der Spitze übernimmt die Parteiführung*

1935 *Dezember 18. Dr. Eduard Beneš zum Staatspräsidenten gewählt nach der Abdikation von Masaryk*

1938 *September 29. „Münchner Abkommen", Abtretung der Sudetengebiete an das Deutsche Reich*
Oktober 6. Staatspräsident Dr. Beneš dankt ab und emigriert

1939 *März 14.–15. Die Tschechoslowakei wird durch die Truppen des Deutschen Reiches besetzt, „Protektorat Böhmen und Mähren" und „Slowakischer Staat" gegründet*

1943 *Dezember 12. Beistandspakt zwischen der ČSR und der UdSSR in Moskau unterzeichnet (für die tschechoslowakische Exilregierung unterschrieb Dr. Beneš)*

1945 *März Verhandlungen über künftige Regierungszusammensetzung zwischen Beneš, seinen Mitarbeitern und der kommunistischen Gruppe mit Gottwald an der Spitze*
April 5. Kaschau (Košice) – Bildung einer Regierung der Nationalen Front, das Kaschauer Regierungsprogramm (tiefgreifende Veränderungen in der politischen, ökonomischen, sozialen und nationalen Struktur der erneuerten ČSR)

1946 *Mai Parlamentswahlen, Sieg der KPČ, K. Gottwald danach zum Ministerpräsidenten ernannt*

1947 *Juli 7.-9. Regierungsbeschluß über die Beteiligung am Marshall-Plan und Rücknahme auf unmittelbaren Druck Moskaus hin*

1948 *Februar 21. Regierungskrise – Demission nichtkommunistischer Minister*
Februar 25. Unter großem politischen Druck (Generalstreik, bewaffnete Arbeitermiliz) bestätigt Dr. Beneš neue Regierung Gottwald – faktische Machtübernahme durch die KPČ
Mai 9. Verabschiedung neuer Verfassung
Juni 7. Rücktritt Dr. Beneš vom Amt des Staatspräsidenten
Juni 14. Klement Gottwald zum Staatspräsidenten gewählt
Oktober 28. Verkündung des ersten Fünfjahresplans (1949-53)

1949 *Februar 23. Gesetz über die Landwirtschaftlichen Einheitsgenossenschaften (4 Typen)*
Mai 25.–29. IX. Parteikongreß der KPČ – Generallinie für den Aufbau des Sozialismus verkündet

1952 *November Schauprozeß mit Slánský, Geminder, Clementis, Šling, Frank, Šváb, Simone u. a. (am 3. 12. 1952 wurden elf führende kommunistische Funktionäre hingerichtet)*

1953 *März 11. Nach dem Tode Gottwalds Antonín Zápotocký zum Staatspräsidenten gewählt, Antonín Novotný übernahm die Funktion des Ersten Sekretärs der KPČ*
Mai 31. Zweite Währungsreform in der ČSR

1957 *November 13. Nach dem Tode Zápotockýs wird Antonín Novotný bei Beibehaltung der höchsten Parteifunktion zum Staatspräsidenten gewählt*

1960 *Juli 11. Neue Verfassung – Tschechoslowakische Sozialistische Republik (ČSSR)*

1962 *Dezember 4.–8. XII. Kongreß der KPČ – Beginn der Liberalisierung*

1966 *31. 5. – 4. 6. XIII. Kongreß der KPČ – Beginn einer inkonsequenten ökonomischen Reform*

1967 *Juni 27.–29. Vierter Kongreß des Schriftstellerverbandes, Kritik des politischen Systems in der ČSSR*
August 4. Unterzeichnung eines deutsch-tschechoslowakischen Protokolls über den Austausch von Handelsmissionen zwischen der BRD und der ČSSR
September 26.–27. ZK-Plenarsitzung der KPČ, erste Angriffe gegen Antonín Novotný
Oktober 31. ZK-Plenarsitzung der KPČ, Studentenunruhen und Demonstrationen in Prag
Dezember 8.–9. Breschnew in Prag, Besprechungen mit den Mitgliedern des Präsidiums des ZK der KPČ über die politische Krise
Dezember 21. Plenarsitzung des ZK der KPČ, Vordiskussion über die mögliche Umbesetzung der Parteispitze

1968 *Januar 3.–5. Plenarsitzung des ZK der KPČ – Absetzung Novotnýs, Alexander Dubček wird zum Ersten Sekretär des ZK der KPČ gewählt*
März 22. Rücktritt Novotnýs von der Funktion des Staatspräsidenten
März 23.–24. Blitzkonferenz der Parteispitzen von UdSSR, Polen, Ungarn, DDR und ČSSR in Dresden über die Lage in der Tschechoslowakei
März 30. Die Nationalversammlung wählt Ludvík Svoboda zum neuen Präsidenten der Republik
April 8. Staatspräsident Svoboda ernennt die neue Regierung der ČSSR unter Leitung von O. Černík

April 18. Josef Smrkovský zum Vorsitzenden der Nationalversammlung gewählt

1968 *Mai 29. – 1. Juni. Plenarsitzung des ZK der KPČ, Ausschluß Novotnýs aus dem ZK, Ruhenlassen seiner Mitgliedschaft, Einberufung des XIV. Parteikongresses für den 9. September 1968*
Juni 18. Beginn der Stabsmanöver der Warschauer-Pakt-Truppen unter Leitung des Oberkommandierenden, Marschall Jakubowski, in Westböhmen
Juni 27. Ludvík Vaculík veröffentlicht seine „2.000 Worte"
Juli 14.–15. Warschauer Treffen von Repräsentanten der Parteien und Regierungen von UdSSR, DDR, Polen, Ungarn und Bulgarien – Kommuniqué zur Lage in der ČSSR mit unverhüllten Drohungen
Juli 29. bis 1. 8. KPČ-Präsidium und Politbüro der KPdSU verhandeln in Schwarzau a. d. Theiß (Čierná nad Tisou) in einem Sonderzug über die Lage in der ČSSR
August 2.–3. Preßburg (Bratislava) – Unterzeichnung eines Abkommens mit der „Warschauer Fünf"
August 9.–11. Marschall Tito zu Gesprächen in Prag
August 11. Manöver an der Ost-, Südost- und Nordgrenze der Tschechoslowakei
August 12. Treffen Dubčeks mit Ulbricht in Karlsbad (Karlovy Vary)
August 15.–17. Staats- und Parteichef Rumäniens, Ceausescu, zu Gesprächen und Unterzeichnung eines Freundschaftsabkommens in Prag
August 18.–19. Außerordentliche Sitzung des ZK der KPdSU, Beschluß über die Intervention in der ČSSR
August 21. Die ČSSR wird von den Truppen der „Warschauer Fünf" besetzt; Dubček, Černík, Smrkovský, Kriegel werden von den Invasionstruppen verhaftet und verschleppt
August 22. Zusammentritt des Außerordentlichen XIV. Parteikongresses der KPČ an geheimem Ort (ČKD-Werke) in Prag
August 23.–26. Staatspräsident Svoboda fliegt mit kleiner Delegation zu Verhandlungen nach Moskau, ultimative Forderungen der Sowjets, Abschluß der Verhandlungen in Anwesenheit der verschleppten Politiker
August 28. Außerordentlicher Parteikongreß der KPČ, Gustáv Husák zum Ersten Sekretär gewählt
September 7. Stellvertretender Außenminister der UdSSR Kusnezow weilt zu weiteren Verhandlungen in Prag und Preßburg über die „Normalisierungs-Maßnahmen"

September 27. Marschall Jakubowski zu Besuch in der ČSSR
Oktober 3.–4. Delegation des ZK der KPČ zu Verhandlungen mit dem Politbüro der KPdSU in Moskau, Unterzeichnung des zweiten Moskauer Kommuniqués mit diktatorischen Bedingungen seitens der UdSSR
Oktober 15. Kossygin mit sowjetischer Delegation in Prag zur Unterzeichnung des „Vertrags über die zeitweilige Stationierung von Truppen des „Warschauer Paktes" auf dem Boden der ČSSR
Oktober 28. Fünfzig Jahre der Tschechoslowakei, Proklamierung der „Tschecho-Slowakischen Föderativen Sozialistischen Republik"

1969 *April ZK-Plenarsitzung, Dubček legt sein Amt nieder, Gustáv Husák zum Ersten Sekretär des ZK der KPČ gewählt, Beginn einer konsequenten und brutalen Erfüllung der sowjetischen „Normalisierungs-Bedingungen"*

Personenverzeichnis

Bareš, Gustav: *1945–46 Chefredakteur von Rudé právo und Tvorba, 1946–52 Mitglied des ZK der KPČ und Chef der Agitprop-Abteilung, 1952–55 in Ungnade, später wissenschaftlicher Mitarbeiter und Publizist.*

Beneš, Edvard Dr.: *Langjähriger Außenminister, 1935–38 Staatspräsident der ČSR – Mitarbeiter und Nachfolger T. G. Masaryks, während des Zweiten Weltkrieges im Exil, 1945–48 Staatspräsident.*

Beran, Josef: *Prager Erzbischof, nach der kommunistischen Machtübernahme im Februar 1948 interniert, 1951 aus Prag entfernt, bis zum März 1965 in verschiedenen Klöstern konfiniert, nach seiner Ernennung zum Kurienkardinal die Ausreise in den Vatikan gestattet.*

Bugár, Miloš Dr.: *Generalsekretär der Demokratischen Partei der Slowakei, 1947 verhaftet.*

Chruschtschow, Nikita S.: *1953–1964 Erster Sekretär der KPdSU, seit 1958 auch Vorsitzender des Ministerrats der UdSSR.*

Clementis, Vlado Dr.: *1945–48 Staatssekretär im Außenministerium, 1948–51 Außenminister, 1951 aus der KPČ ausgeschlossen, 1952 im Slánský-Prozeß zum Tode verurteilt und hingerichtet, 1963 voll rehabilitiert.*

Černý, Jan: *Ministerpräsident einer Beamtenregierung im Jahre 1920.*

David, Josef: *1945–46 Vorsitzender der Provisorischen Nationalversammlung, 1946–48 Parlamentsvorsitzender (tschechischer Sozialist).*

Dimitroff, Georgi: *Generalsekretär der KI seit dem VII. Weltkongreß 1935, Parteivorsitzender der KP Bulgariens.*

Drtina, Prokop Dr.: *1946–48 Justizminister (tschechischer Sozialist).*

Duriš, Julius: *1945–51 Landwirtschaftsminister, 1951–53 Vorsitzender des Kollegiums der slowakischen Beauftragten, 1953–1963 Finanzminister, nach seinem kritischen Beitrag in der ZK-Plenarsitzung der KPČ wurde er am 20. 9. 1963 aller Ämter enthoben.*

Engliš, Karel Prof. Dr.: *Führender Repräsentant der liberalen National-ökonomischen Schule.*

Erban, Evžen: *Langjähriger Gewerkschaftsfunktionär, 1945–47 Stellvertretender Vorsitzender der Sozialdemokratischen Partei, 1948–51 Minister für Arbeit und Sozialfürsorge, 1948–52 Mitglied des Präsidiums des ZK der KPČ, 1952–63 Vorsitzender des Staatsamtes für Renten, 1963–68 Vorsitzender der Verwaltung der staatlichen Material-Reserven, 1968 Generalsekretär der Nationalen Front, August 1968 Mitglied des Präsidiums des ZK der KPČ, September 1968 Vorsitzender der Nationalen Front, dann abgeschoben.*

Erban, Vojta: *Sozialdemokratischer Funktionär, 1946 Abgeordneter und Stellvertretender Generalsekretär der Sozialdemokratischen Partei, 1949 verhaftet und verurteilt.*

Fabinger, Josef Ing.: *Bedeutender Manager in der nationalisierten Industrie, in den 50er Jahren verurteilt, später rehabilitiert.*

Fierlinger, Zdeněk: *1941–45 Botschafter in Moskau, 1945–46 Ministerpräsident, 1945–47 Vorsitzender der Sozialdemokratischen Partei, 1948–53 Stellvertretender Ministerpräsident, 1948–1966 Mitglied des Präsidiums des ZK der KPČ, 1953–64 Vorsitzender der Nationalversammlung, 1964–69 Vorsitzender des Verbandes für tschechoslowakisch-sowjetische Freundschaft.*

Firt, Julius Ing.: *Führender Funktionär der tschechischen Sozialisten, nach Februar 1948 in der Emigration.*

Frank, Josef: *1945–51 Sekretär des ZK der KPČ, ab 1946 Mitglied des Parteipräsidiums, im Slánský-Prozeß zum Tode verurteilt und hingerichtet, 1963 voll rehabilitiert.*

Frejka, Ludvík Ing.: *Ab 1945 Vorsitzender der ökonomischen Kommission beim ZK der KPČ, Gottwalds Wirtschaftsberater, im Slánský-Prozeß zum Tode verurteilt und hingerichtet, 1963 voll rehabilitiert.*

Fukátko, Jaroslav Prof. Ing.: *Bedeutender Manager in der nationalisierten Industrie, in den 50er Jahren verfolgt, später Professor an der Technischen Hochschule in Prag.*

Geminder, Bedřich: *Langjähriger Mitarbeiter der KI in Moskau, ab 1945 Chef der internationalen Abteilung im ZK der KPČ, im Slánský-Prozeß zum Tode verurteilt und hingerichtet, 1968 voll rehabilitiert.*

Gomulka, Wladyslaw: *Erster Sekretär des ZK der Vereinigten Arbeiter-Partei Polens (vormals KP) bis 1948, 1948 abgeschoben und später verhaftet, 1956–1970 nochmals Erster Sekretär.*

Gottwald, Klement: *1929–1953 Parteichef der KPČ, 1946–48 Ministerpräsident, 1948–53 Staatspräsident der ČSR.*

Hájek, Jiří S. Prof. Dr.: *1945 Abgeordneter für die Sozialdemokratische Partei, 1946 Professor an der Karls-Universität, 1952–54 Vorsitzender des außenpolitischen Ausschusses der Nationalversammlung, 1955–58 Botschafter in Großbritannien, 1958–62 Stellvertretender Außenminister, 1962–65 UNO-Delegat, 1965–67 Kultusminister, 1968 Außenminister, 1969 aus der KPČ ausgeschlossen und abgeschoben.*

Hejda, Jiří Ing.: *Wirtschaftsexperte (tschechischer Sozialist).*

Hlinka, Andrej: *Priester, 1919–1938 Vorsitzender der Slowakischen Volkspartei, forderte nationale Autonomie für die Slowakei.*

Hodža, Fedor Ing.: *Generalsekretär der Demokratischen Partei der Slowakei.*

Husák, Gustáv Dr.: *Führender Funktionär der illegalen KP der Slowakei bei der Vorbereitung des Slowakischen Nationalaufstandes 1944, Mitglied des Präsidiums der KPS und ab 1949 des ZK der KPČ, 1945 Slowakischer Beauftragter für innere Angelegenheiten, 1946–50 Vorsitzender des Slowakischen Beauftragtenkollegiums, 1951 verhaftet und 1954 zu lebenslänglichem Kerker verurteilt, 1960 begnadigt, 1963 teilweise rehabilitiert, 1963–68 wissenschaftlicher Mitarbeiter der Slowakischen Akademie der Wissenschaften, 1968 Stellvertretender Ministerpräsident, August 1968 bis April 1969 Erster Sekretär des ZK der KPS, ab August 1968 Mitglied des Präsidiums des ZK der KPČ, ab April 1969 Erster Sekretär des ZK der KPČ.*

Jankovcová, Ludmila Ing.: *1945–48 Mitglied des Präsidiums des Exekutivkomitees der Sozialdemokratischen Partei, 1947–48 Minister für Industrie, 1948–50 Minister für Ernährung, 1950–54 Minister für Nahrungsmittelindustrie, 1954–63 Stellvertretender Ministerpräsident, 1954–63 Kandidat des Präsidiums des ZK der KPČ.*

Jičínský, J. Ing.: *Leitender Funktionär in der nationalisierten Industrie, in der 50er Jahren verurteilt, später rehabilitiert.*

John, Oldřich Dr.: *1945–48 sozialdemokratischer Abgeordneter, 1948 bis 1953 Abgeordneter für die KPČ, 1949–53 Vorsitzender des Präsidiums der Nationalversammlung, 1951–53 Mitglied des Präsidiums des ZK der KPČ, 1953–60 Angestellter der Staatlichen Arbitragekommission.*

Kempný, Ján Dr.: *Generalsekretär der Demokratischen Partei der Slowakei.*

Köhler, Bruno: *Ab 1947 im Apparat des ZK der KPČ, 1953–1963 Sekretär des ZK der KPČ, Chef der Kader-Abteilung im ZK-Apparat, Mitglied der Parteikommission für Vorbereitung der Schauprozesse, 1961–62 Kandidat des Präsidiums, 1963 abgeschoben.*

Kolman, Arnošt Prof. Dr.: *Marxistischer Philosoph und Ideologe der KPČ, 1945–48 Professor an der Karls-Universität, 1948 in die UdSSR unfreiwillig zurückgekehrt und verhaftet, 1959 wieder in Prag – Direktor des Philosophischen Instituts der Tschechoslowakischen Akademie der Wissenschaften, ab 1963 in der UdSSR.*

Kopecký, Václav: *Seit 1929 in führenden Funktionen der KPČ, ab 1945 Mitglied des Präsidiums des ZK der KPČ, 1945–53 Informationsminister, ab 1954 Stellvertretender Ministerpräsident, in den 50er Jahren Mitglied der Parteikommission für Vorbereitung der Schauprozesse.*

Kosík, Karel Prof. Dr.: *Marxistischer Philosoph, Redakteur des Filosofický časopis, 1969 aus der Partei ausgeschlossen.*

Laušman, Bohumil: *1945–48 Abgeordneter für die sozialdemokratische Partei, 1945–47 Industrieminister, 1947 Vorsitzender der sozialdemokratischen Partei, 1948 Stellvertretender Ministerpräsident, 1949 emigriert, 1953 in die ČSR entführt, nach zehnjährigem Kerker im Gefängnis gestorben.*

Lockhart, Bruce: *Englischer Historiker, Sowjetexperte.*

Majer, Václav: *1945–48 Minister für Ernährung (Sozialdemokrat), nach Februar 1948 emigriert.*

Malenkow, G. M.: *Mitglied des Präsidiums des ZK der KPdSU, 1953 bis 1955 Ministerpräsident, 1957 aller Partei- und Staatsämter enthoben.*

Masaryk, Jan: *Sohn des ersten Staatspräsidenten T. G. Masaryk, 1945 bis 1948 Außenminister, sein Tod am 10. März 1948 noch immer nicht geklärt.*

Masaryk, Tomáš G. Prof. Dr.: *1918–1935 Staatspräsident der ČSR.*

Nejedlý, Zdeněk Prof. Dr.: *1945 Kultusminister, 1946–48 Minister für Arbeit und Sozialfürsorge, 1948–53 Kultusminister, ab 1952 Präsident der Tschechoslowakischen Akademie der Wissenschaften.*

Neumann, Stanislav K.: *Dichter und Redakteur (KPČ).*

Nosek, Václav: *1945–53 Innenminister, 1945–54 Mitglied des Präsidiums des ZK der KPČ.*

Novomeský, Ladislav: *Slowakischer Dichter und Funktionär der KPS, 1945–50 slowakischer Beauftragter für Schulwesen und Kultur, 1951 aus der KPČ ausgeschlossen und zu zehn Jahren Kerker verurteilt, 1955 entlassen, 1956–63 Angestellter, 1963–68 Mitglied des Redaktionsrates des Kulturný život.*

Novotný, Antonín: *1945–51 Bezirkssekretär der KPČ in Prag, 1951 bis 1953 Sekretär des ZK, 1953–68 Erster Sekretär des ZK der KPČ, 1957–1968 Staatspräsident der ČSR.*

Obuch, Otto: *Pressereferent des Stellvertretenden Ministerpräsidenten Ursíny (Demokratische Partei der Slowakei).*

Outrata, Eduard: *Bedeutender Wirtschaftsexperte, in den 50er Jahren verhaftet.*

Phillips, Morgan: *Generalsekretär der Labour Party in Großbritannien.*

Rajk, László: *Ungarischer Innenminister und Politbüromitglied, 1949 verhaftet und im Schauprozeß zum Tode verurteilt und hingerichtet, 1956 rehabilitiert.*

Rákosi, Matyás: *1945–1956 Erster Sekretär der Ungarischen Arbeiterpartei (KP), 1962 aus der Partei ausgeschlossen.*

Reiman, Milan Ing.: *Gottwalds Wirtschaftsberater, 1949 verhaftet, starb im Gefängnis.*

Ripka, Hubert Dr.: *Führender Politiker der tschechischen Sozialisten, 1945–48 Minister für Außenhandel, nach Februar 1948 emigriert.*

Shdanow, Andrej A.: *Sekretär des ZK der KPdSU, einer der einflußreichsten Männer in der sowjetischen Nachkriegsära, starb 1948.*

Slánský, Rudolf: *Seit 1929 engster Mitarbeiter K. Gottwalds, 1945 bis 1951 Generalsekretär der KPČ, am 27. November 1951 verhaftet, in einem Schauprozeß zum Tode verurteilt und am 3. Dezember 1952 hingerichtet, 1963 teilweise rehabilitiert.*

Sorin, Valerian: *Sowjetischer Botschafter in der ČSR, später Stellvertretender Außenminister der UdSSR.*

Stalin, Jossiff W.: *1922–1953 Generalsekretär der KPdSU.*

Steinhardt, Laurence: *USA-Botschafter in der ČSR.*

Stránský, Jaroslav Prof. Dr.: *Führender Repräsentant der tschechischen Sozialisten, 1946–48 Kultusminister, nach Februar 1948 emigriert.*

Široký, Viliam: *1945–53 Stellvertretender Ministerpräsident, 1945–54 Vorsitzender der KPS, ab 1945 Mitglied des Präsidiums des ZK der KPČ, 1950–53 Außenminister, 1953–63 Ministerpräsident, 1963 abgeschoben.*

Šmidke, Karol: *1945–46 Vorsitzender des Kollegiums der slowakischen Beauftragten, Stellvertretender Vorsitzender des Slowakischen Nationalrates, 1948 Vorsitzender des Slowakischen Nationalrates, ab 1945 Mitglied des Präsidiums des ZK der KPS, in den 50er Jahren abgeschoben.*

Šrámek, Josef Msgr.: *1945–48 Vorsitzender der Volkspartei und Stellvertretender Ministerpräsident.*

Šrobár, Vavro Dr.: *Seit dem Ersten Weltkrieg bedeutender slowakischer Politiker, nach dem Zweiten Weltkrieg Vorsitzender der kleinen slowakischen Freiheitspartei.*

Švermová, Marie: *Seit 1945 im Apparat des ZK der KPČ, ab 1946 Mitglied des Präsidiums des ZK der KPČ, Stellvertretender Generalsekretär der KPČ, 1950 verhaftet, 1954 zu lebenslänglichem Kerker verurteilt, 1956 entlassen, 1963 teilweise rehabilitiert.*

Taussigová-Potůčková, Jarmila Ing.: *Ab 1945 Mitglied der Kontrollkommission des ZK der KPČ, 1951 verhaftet und verurteilt.*

Thorez, Maurice: *Generalsekretär der KP Frankreichs.*

Togliatti, Palmiro: *Generalsekretär der KP Italiens.*

Truman, Harry S.: *1945–1953 Präsident der USA.*

Tscherwenkoff, Walko: *Führender Funktionär der KP Bulgariens, Nachfolger von Dimitroff:*

Tusar, Vlastimil: *Sozialdemokratischer Ministerpräsident im Jahre 1920.*

Tymeš, František: *Führender sozialdemokratischer Funktionär.*

Ursíny, Ján: *1945–47 Stellvertretender Ministerpräsident (Demokratische Partei der Slowakei), 1948 zu sieben Jahren Kerker verurteilt.*

Voda-Pexa, Bedřich: *Redakteur und Ideologe der KPC, 1952 Sekretär des ZK der KPC.*

Zápotocký, Antonín: *1918–20 am linken Flügel der sozialdemokratischen Partei, Mitbegründer der KPČ, während des Zweiten Weltkrieges im KZ, 1945–50 an der Spitze der Gewerkschaften, 1948–53 Ministerpräsident, 1953–57 Staatspräsident, Mitglied des Präsidiums des ZK der KPČ.*

Zenkl, Peter Dr.: *Vorsitzender der tschechischen sozialistischen Partei, 1945–48 Stellvertretender Ministerpräsident, nach Februar 1948 emigriert.*

Anmerkungen

[1]) E. Beneš, Demokracie dnes a zítra, Praha 1946, S. 327.

[2]) J. Opat, O novou demokracii 1945–1948, Praha 1966, S. 21.

[3]) Cesta ke Květnu, Dokumenty o vzniku a vývoji lidové demokracie v Československu do února 1948, Praha 1965, 1. Bd., Dok. Nr. 2, S. 40–59.

[4]) Ebenda, S. 56.

[5]) Ebenda, S. 58; s. J. Opat, a. a. O., S. 21–22.

[6]) Cesta ke Květnu . . ., 1. Band, S. 45.

[7]) J. Opat, a. a. O., S. 25.

[8]) Cesta ke Květnu, 2. Bd., Dok., Nr. 214, S. 607.

[9]) S. J. Opat, a. a. O., S. 27–28.

[10]) Cesta ke Květnu, Bd. 2, Dok. Nr. 156, S. 486–88; zur Entwicklung und zur veränderten Einstellung Beneš's in der slowakischen Frage auch in: G. Husák, Svedectvo o Slovenskom národnom povstaní, Bratislava 1964, S. 430–464.

[11]) G. Husák, a. a. O., S. 554–555.

[12]) J. Opat, a. a. O., S. 55–56.

[13]) České slovo, München 1958, Nr. 2.

[14]) J. Opat, a. a. O., S. 57.

[15]) E. Beneš, Svobodné slovo, 22. 10. 1945, S. 1.

[16]) Politická výchova, 1. 6. 1946, S. 1; eine ausführliche Analyse der tschechoslowakischen Gesellschaft in der ersten Nachkriegsphase s. bei K. Kaplan, Znárodnění a socialismus, Praha 1966, S. 59–160.

[17]) Svobodné slovo, 10. 11. 1945, S. 2, Pan president . . .

[18]) Den po válce, Praha 1946, S. 9.

[19]) Svobodné slovo, 30. 5. 1945, S. 1.

[20]) N. Svoboda, Jg. 1945, S. 52–54.

[21]) Svobodné noviny, 7. 10. 1945, S. 1.

[22]) Lidová demokracie, 5. 7. 1945, S. 1–2.

[23]) Právo lidu, 15. 5. 1945, S. 1.

[24]) Es ist nicht Aufgabe dieser Arbeit, die Frage der Vertreibung der Deutschen und deren Konsequenzen zu prüfen. Vielleicht nur folgende Bemerkung: Die Kommunisten betonten, daß ohne die Vertreibung die Entwicklung der demokratischen Revolution und der Übergang zur sozialistischen Revolution ungemein erschwert gewesen wäre. In den letzten Jahren (nach 1965) haben einige bekannte tschechoslowakische Historiker, wie z. B. K. Bartošek, J. Křen, M. Hübl u. a., die unmenschliche pauschale Gewaltlösung des Schicksals der Sudetendeutschen verurteilt.

[25]) E. Beneš, Paměti, Praha 1947, S. 425.

[26]) Svobodné slovo, 16. 12. 1945.

[27]) H. Ripka, a. a. O., S. 80.

[28]) Pastýřský list ze dne 14. 11. 1945, Neděle 6. 6. 1946, S. 2–3.

[29]) Typ, September 1946, S. 289.

[30]) M. Skácel, Socialismus a sociální reforma, Praha 1946, S. 25–26.
[31]) Svobodné slovo, 11. 9. 1945, S. 2.
[32]) Svobodné slovo, 19. 9. 1945, S. 2.
[33]) Práce, 23. 12. 1945, S. 1–2.
[34]) K. Roudný in Obrana lidu, 21. 3. 1946, S. 1–2.
[35]) Tvorba, 26. 7. 1945, S. 1–2.
[36]) Kritický měsíčník, Jg. 1945, S. 233–240.
[37]) Lidová kultura, 30. 1. 1946 – J. Pokorný, Revize marxismu
[38]) Kostnické jiskry, 2. 6. 1945, S. 57 – J. B. Souček.
[39]) Hlas revoluce, 6. 3. 1946, S. 1, K. J. Beneš.
[40]) Knihovna Jg. 1945–46, Nr. 1, S. 5.
[41]) Svět práce, 27. 9. 1945, S. 1.
[42]) Svobodné noviny, 6. 10. 1945, S. 1, O. Procházka; über verschiedene sozialistische Strömungen und Konzepte s. ausführlich bei K. Kaplan, Znárodnění a socialismus, Praha 1966, S. 161–199.
[43]) z. B. J. Opat, a. a. O., S. 114; über die erste Etappe der Nationalisierung s. ausführlich bei K. Kaplan, Znárodnění a socialismus, S. 7–58.
[44]) Archív Československé strany národně socialistické, Praha – zit. nach J. Opat, a. a. O., S. 113.
[45]) H. Ripka, Czechoslovakia enslaved, London 1950, S. 42–43.
[46]) L. Frejka, 25. únor v československém hospodářství, Praha 1949, III. vydání, S. 98 – J. Opat, a. a. O., S. 116.
[47]) Hospodářství ČSR na jaře 1946, Praha 1946, S. 31.
[48]) K. Jech – A. Václavů, Některé problémy československého zemědělství v letech 1944–1948 – in: Československá revoluce v letech 1944–1948, Praha 1966, S. 233–234.
[49]) J. Koťátko, Pozemková reforma, Praha 1949, S. 21, 24–25.
[50]) Ausführliche Darstellung der damaligen tschechoslowakischen Gesellschaft in: K. Kaplan. Znárodnění a socialismus, Praha 1968, S. 59–160.
[51]) K. Kaplan, Znárodnění a socialismus, S. 164–176.
[52]) S. Protokoll XX. manifestačního sjezdu čs. sociální demokracie, Praha 1946, S. 11.
[53]) S. E. Erban in seiner Rede auf dem XX. Parteitag der Tschechoslowakischen Sozialdemokratie in: Protokol XX. sjezdu . . ., S. 132.
[54]) E. Erban, Základní problémy lidové demokracie, Praha 1946, S. 7.
[55]) Program Československé sociální demokracie, Praha 1946, S. 12.
[56]) R. N. Foustka, Jakou demokracii? – Právo lidu, 7. 10. 1945, S. 1.
[57]) S. z. B.: Naše dějinná úloha, Praha 1946.
[58]) L. Görlich, Masaryk a Marxismus, Praha 1946, S. 7; siehe auch: Protokol XX. sjezdu . . ., S. 10.
[59]) K. Gottwald, Spisy XII, S. 80.
[60]) K. Gottwald, Spisy XII, S. 88–89.
[61]) K. Gottwald, Spisy XII, S. 222; über die marxistischen Strömungen siehe K. Kaplan, Znárodnění a socialismus, S. 176–188.
[62]) Archív Československé strany socialistické, H. Ripka: Demokratická forma socialismu, cyklostylovaný projev – asi 1947.
[63]) Archív Československé strany socialistické, Návrh programu – beide

Zitate nach K. Kaplan, Znárodnění a socialismus, Praha 1968, S. 211.
64) Budovatel, 31. 5. 1946, S. 1–2, Otvorená reč.
65) B. Laušman, Hospodařská výstavba republiky..., Praha 1946, S. 12.
66) Ebenda.
67) Československý obchod, S. 7.
68) Tvorba, 29. 1. 1947, S. 95; O povaze ekonomických...
69) Svět práce, 9. 8. 1945 – Za hospod. demokracii; siehe auch: Protokol XX. sjezdu, S. 84–86.
70) L. Frejka. Náš hospodářský program, Brno 1945.
71) F. Pexa, O povaze ekonomických..., Tvorba 15. 1. 1947, S. 52–53.
72) URO, 22. 11. 1945, S. 2–3.
73) K. Engliš, Hospodářské soustavy, Praha 1946.
74) Základy československé dvouletky, Praha 1946, S. 26.
75) Archív URO, zápis ze schůze průmyslové sekce, 10. 10. 1945, zit. nach: K. Kaplan, Znárodnění a socialismus. S. 245; über Wirtschaftsdemokratie – ebenda, S. 200–249.
76) K. Gottwald, Spisy XII, S. 83.
77) J. Opat, a. a. O., S. 70; über Wahlen 1946 s. J. Opat, S. 168–202.
78) K. Gottwald, Spisy XIII, S. 223.
79) Ebenda, S. 222–223.
80) Tafel erstellt nach: Statistická příručka Československé republiky, Praha 1948, S. 105; siehe J. Opat, a. a. O., S. 178–179.
81) K. Gottwald, Spisy XIII, S. 75–89.
82) Ebenda, S. 89.
83) G. Husák, Zápas o zajtrajšok, Bratislava 1948, S. 183.
84) K. Gottwald, Spisy XIII, S. 120–156.
85) Ebenda.
86) J. Hejda, Svobodné slovo 15. 3. 1947; siehe J. Opat, O novou demokracii, S. 203–213.
87) K. Gottwald, Spisiy XIII, S. 189.
88) B. Urban, Dva ekonomické aspekty československé cesty k socialismu, in: Československá revoluce 1944–1948, S. 267–268.
89) K. Gottwald, Spisi XII, S. 15.
90) Ebenda, S. 21.
91) Ebenda, S. 83.
92) Cesta ke Květnu, 2. Band, Dok. Nr. 214, S. 611; über den spezifischen Weg zum Sozialismus siehe J. Opat, O novou demokracii, S. 213–229.
93) K. Gottwald, Spisy XII, S. 83.
94) J. Opat, a. a. O., S. 223.
95) Archiv des ZK der KPČ Prag, Plenarsitzung des ZK KPČ vom 25. bis 26. September 1946 – zit. nach J. Opat, a. a. O., S. 223.
96) K. Gottwald, Spisy XIII, S. 302.
97) Příspěvky k dějinám KSČ, Jg. 1964, Nr. 1, S. 13 u. Jg. 1965, Nr. 1 S. 69.
98) K. Gottwald, Spisy XIII, S. 230–231; K. Gottwald, Deset let, Praha 1947, S. 372.
99) Siehe K. Gottwald, Spisy XIII, S. 282.
100) Siehe J. Opat, Příspěvky k dějinám KSČ, Jg. 1965, Nr. 1.

[101]) M. Hübl, Slovensko v československé revoluci, in: Československá revoluce 1944–1948, S. 121–122.

[102]) K. Gottwald, Spisy XIII, S. 299.

[103]) Rede am 26. 2. 1946, zit. nach G. Bareš, Naše cesta k socialismu, Praha 1948, S. 30.

[104]) Siehe M. Reiman, Koncepce KSČ „O specifické ceste k socialismu" v naší revoluci, in: Československá revoluce 1944–1948, S. 169.

[105]) Ebenda.

[106]) J. Šedivý, K některým otázkám československé zahraniční politiky a vlivu mezinárodní situace na vnitropolitický vývoj ČSR v letech 1945–1948, in: Československá revoluce ..., S. 216.

[107]) J. Šedivý, ebenda, S. 217.

[108]) Siehe J. Šedivý, a. a. O., S. 218.

[109]) Siehe J. Šedivý, a. a. O., S. 220.

[110]) R. B. Lockhart, Ustup z Prahy, London 1950, S. 19–20.

[111]) H. Ripka, Le coup de Prague, Paris 1949, S. 108–109.

[112]) Československá revoluce 1944–1948, S. 221 – J. Šedivý.

[113]) H. Ripka, Le coup de Prague, S. 273; J. Šedivý, a. a. O., S. 220–222.

[114]) J. Firt, Vzpomínky I, Svědectví (Paris), Nr. 40/1971, S. 507–539; über neue Aspekte in der Bewertung des Februar 1948 bei den tschechoslowakischen Historikern im Jahre 1968 siehe: P. Tigrid, Svědectví – Paris, Nr. 41/1971, S. 69–96.

[115]) Über die Herstellung engerer Zusammenarbeit der tschechischen Sozialisten mit der Demokratischen Partei auf einer vertraulichen Zusammenkunft in Karlsbad siehe H. Ripka, a. a. O., S. 110–111; über die innenpolitische Lage vor Februar 1948 siehe J. Opat, O novou demokracii, S. 240–256.

[116]) K. Gottwald, Spisy XIV, Praha 1959, S. 204.

[117]) G. Bareš, Naše cesta k socialismu, Praha 1948, S. 33.

[118]) L. Frejka, Československé hospodářství na cestě k socialismu, Praha 1948, S. 10–12.

[119]) Ebenda, S. 17–18.

[120]) Archiv des ZK der KPČ (AZK KPČ) – Beratungen der Bez.-Sekret., Beratung 1. 3. 1948 – zit. nach K. Kaplan, Utváření generální linie výstavby socialismu v Československu, Praha 1966, S. 18; auch die übrigen folgenden Zitate aus den Archiven des ZK der KPČ, des ZK der slowakischen KP, der Staatlichen Plankommission und des Instituts für Geschichte der KPČ sind der Publikation Kaplans entnommen.

[121]) Archiv des ZK der KPČ, Fond 100/1 – Kaplan, S. 27; über die Lage nach Februar 1948 bis zu den Wahlen im Mai 1948 siehe: K. Kaplan, a. a. O., S. 18–31.

[122]) Archiv des Instituts für Geschichte der KPČ, Fond 1, Az. 0–5–153 – Kaplan, S, 27.

[123]) Siehe: 25. Unor v československém hospodářství, Orbis – Praha 1948.

[124]) Archiv des ZK KPČ, Beratungen der Bezirkssekretäre – Kaplan, S. 28.

[125]) R. Slánský, auf der Beratung der Bezirkssekretäre der KP am 15. 4. 1948 – AZK KPČ, Beratungen der Bez.-Sekret., – Kaplan, S. 66.

[126]) AZK KPČ, Fond 01, Versammlung 9. 6. 1948, Referat K. Gottwalds – Kaplan, S. 67; über die „erneuerte“ Nationale Front siehe K. Kaplan, a. a. O., S. 60–82.

[127]) AZK KPČ, Fond 100/1 – Kaplan, S. 94.
M. Švermová – Kaplan, S. 95.

[128]) AZK KPČ, Fond 02/3, Versammlung 19. 3. 1948, Diskussionsbeitrag

[129]) R, Slánský, ebenda.

[130]) AZK KPS, Tagung des Vorsitzes am 16. 3. 1948 – Kaplan, S. 96.

[131]) Funkcionář, 7. 8. 1948, S. 1.

[132]) AZK KPČ, Fond 100/1 – Kaplan, S. 99.

[133]) AZK KPČ, Fond 11, Nr. 0–10–19 – Kaplan, S. 100.

[134]) AZK KPČ, Fond 02/3, Beratung am 6. 3. 1948 – Kaplan, S. 101; über die innenparteilichen Veränderungen in der KPČ siehe: K. Kaplan, a. a. O., S. 91–107.

[135]) AZK KPČ, Fond 02/1, Sitzung 29. 7. 1948 – Kaplan, S. 103.

[136]) V. Široký, Za šťastné Slovensko v socialistickom Československu, Bratislava, str. 144.

[137]) AZK KPČ, Fond 02/1, Sitzung 28. 6. 1948 – Kaplan, S. 104.

[138]) AZK KPČ, Fond 02/1, Sitzung 6. 1. 1949 – Kaplan, S. 105–106.

[139]) Za trvalý mír, za lidovou demokracii, 1. 12. 1948.

[140]) Za trvalý mír, ... 1. 8. 1948 – Walko Tscherwenkoff, Im Zeichen der Selbstkritik.

[141]) Za trvalý mír, ... – 15. 9. 1948.

[142]) AZK KPČ, Fond der Sitzungen der Bezirkssekretäre – Kaplan, S. 111 bis 112.

[143]) AZK KPČ, Fond 100/1 – Kaplan, S. 117.

[144]) AZK KPČ – Fond 02/1, Sitzung 9. 9. 1948 – Kaplan, S. 130.

[145]) AZK KPČ, Fond 02/1, Sitzung 9. 9. 1948 – Kaplan, S. 131.

[146]) Ebenda – Kaplan, S. 132.

[147]) AZK KPČ, Fond 02/1, Sitzung 19. 7. 1948 – Kaplan, S. 133.

[148]) AZK KPČ, Fond 02/2, Sitzung 8. 10. 1948 – Kaplan, S. 133.

[149]) Zit. nach K. Kaplan, a. a. O., S. 133.

[150]) G. Husák, AZK KPS, in: K. Kaplan, a. a. O., S. 134.

[151]) Ebenda.

[152]) AZK KPČ, Fond 02/1, R. Slánský 6. 3. 1948; V, Kopecký 19. 7. 1948 – Kaplan, S. 138.

[153]) AZK KPČ, Sitzung der Bezirkssekretäre 21./23. 9. 1948 – Kaplan, S. 139.

[154]) J. Stalin, Otázky leninismu, Praha 1948, S. 38.

[155]) J. Dimitrov, Výbor z projevů a článků, Praha 1950 – Politická zpráva UV BDS (k), 18. 12. 1948.

[156]) Siehe auch: Zemědělské noviny, 29. 2. 1948, ze sjezdu rolnických komisí; K. Kaplan, a. a. O., S. 138–140.

[157]) AZK KPČ, Fond 02/3 – Kaplan, S. 147.

[158]) Ebenda, Sitzung 2. 7. 1948.

[159]) AZ KPČ, Fond 02/1, Sitzung 19. 7. 1948 – Kaplan, S. 148.

[160]) AZ KPČ, Fond 02/3, Sitzung 2. 7. 1948, Diskussionsbeitrag G. Bareš – Kaplan, S. 149.

[161]) Ebenda.
[162]) AZ KPČ, Fond 100/1 – Kaplan, S. 151.
[163]) K. Gottwald, Spisy XIV, S. 439.
[164]) AZK KPČ, Sitzung der ZK der KPČ vom 9. 6. 1948 – Kaplan, S. 177.
[165]) AZK KPČ, Fond 02/1, Sitzung 2. 5. 1949.
[166]) Archiv des Instituts für Geschichte des Sozialismus, Fond 19/1.
[167]) Funkcionář, 25. 2. 1949, Kdo vládne v lidově demokratické republice? Kaplan, S. 178–179.
[168]) AZK KPČ, Fond 01, Sitzung 9. 4. 1948.
[169]) AZK KPČ, Fond: Wirtschaftsrat, Sitzung 29. 4. 1948 – Kaplan, S. 182.
[170]) AZK KPČ, Fond 02/3, Sitzung 11. 5. 1949 – Kaplan, S. 185.
[171]) AZK KPČ, Fond 02/3, Sitzungen 22. 10. und 29. 10. 1948.
[172]) AZK KPČ, Fond 02/1, Sitzung 14. 2. 1949 – Kaplan, S. 187–188.
[173]) Archiv des Instituts für Geschichte der KPČ, Fond 19, Az 1038 – Kaplan, S. 189.
[174]) AZK KPČ, Fond 02/1, Sitzung 20. 9. 1948. Bericht M. Švermová.
[175]) Ebenda – Kaplan, S. 190.
[176]) AZK KPČ, Fond 02/3, 12. 7. 1949 – Kaplan, S. 190.
[177]) AZK KPČ, Fond 02/1, Sitzung 20. 9. 1948 – Kaplan, S. 202.
[178]) Archiv der Staatlichen Plankommission, Fond RVHP – Kaplan, S. 197 bis 200.
[179]) AZK KPČ, Fond 02/1, Sitzung 14. 10. 1948 – Kaplan, S. 246.
[180]) AZK KPČ, Fond 11, Az.: 0–5–147 und Fond 100/1 – Kaplan, S. 258.
[181]) AZK KPČ, Beratung der Bezirkssekretäre 12. 5. 1949 – Kaplan, S. 260.
[182]) AZK KPČ, Fond 100/1 – Kaplan, S. 262.
[183]) AZK KPČ, Fond 24, Az. 56 – Kaplan, S. 265.
[184]) AZK KPČ, Fond 19, Az.: 1398 – Kaplan, S. 267.
[185]) AZK KPČ, Fond 02/1, Sitzung 4. 4. 1949 – Kaplan, S. 269.
[186]) B. Urban, Dva ekonomické aspekty československé cesty k socialismu; in: Československá revoluce 1944–1948, S. 274–275.

Ausgewählte Bibliographie

a) deutschsprachige Literatur

Beer, Fritz: Die Zukunft funktioniert nicht. Ein Porträt der Tschechoslowakei 1948–1968. Frankfurt 1969.

Bertleff, Erich: Mit bloßen Händen. Der einsame Kampf der Tschechen und Slowaken 1968. Wien 1968.

Brahm, Heinz: Der Kreml und die ČSSR 1968–1969. Stuttgart 1970.

Brügel, Johann Wolfgang: Tschechen und Deutsche 1918–1938. München 1967.

ČSSR – Der Weg zum demokratischen Sozialismus. Tatsachen zu den Ereignissen von Januar bis Mai 1968. Prag 1968.

ČSSR im Umbruch. Berichte, Kommentare, Dokumentation. Mit Beiträgen von Gustáv Husák und Eduard Goldstücker. Hrsg. von Leopold Grünwald. Wien-Frankfurt-Zürich 1968.

Der Fall ČSSR. Strafaktion gegen einen Bruderstaat. Eine Dokumentation. Fischer Bücherei 964, Frankfurt – Hamburg 1968.

Frei, Bohumil: Tschechoslowakei. München 1968.

Gottwald, Klement: Ausgewählte Reden und Aufsätze. Mit einem Vorwort von Wilhelm Pieck. Berlin 1955.

Haefs, Hanswilhelm: Die Ereignisse in der Tschechoslowakei vom 27. 6. 1968 bis 18. 10. 1968. Ein dokumentarischer Bericht. Bonn-Wien-Zürich 1969.

Hoensch, Jörg K.: Geschichte der Tschechoslowakischen Republik 1918–1965. Stuttgart-Berlin-Köln-Mainz 1966.

Horlacher, Wolfgang: Zwischen Prag und Moskau. Stuttgart-Degerloch 1969.

Klokočka, Vladimír: Demokratischer Sozialismus. Ein authentisches Modell. Hamburg 1968.

Kohout, Pavel: Aus dem Tagebuch eines Konterrevolutionärs. Luzern-Frankfurt 1969.

Kuby, Erich: Prag und die Linke. Hamburg 1968.

Kuhn, Heinrich: Handbuch der Tschechoslowakei. München 1967.

Kusák, Alexej / Künzel, Franz Peter: Der Sozialismus mit menschlichem Gesicht. München 1969.

Lemberg, Eugen / Rhode, Gotthold: Das deutsch-tschechische Verhältnis seit 1918. Stuttgart 1969.

Liehm, Antonín: Gespräche an der Moldau. Wien-München-Zürich 1968.

Löbl, Eugen: Geistige Arbeit – die wahre Quelle des Reichtums. Wien-Düsseldorf 1968.

Leopold Grünwald. Wieen-Frankfurt-Zürich 1968.

Löbl, Eugen / Grünwald, Leopold: Die intellektuelle Revolution. Düsseldorf 1969.
Maxa, Josef: Die kontrollierte Revolution. Anatomie des Prager Frühlings. Wien-Hamburg 1969.
Mňačko, Ladislav: Die Aggressoren. Wien-Frankfurt-Zürich 1968.
Pelikán, Jiří: Panzer überrollen den Parteitag. Wien-Frankfurt-Zürich 1969.
Pelikán, Jiří: Das unterdrückte Dossier. Bericht der Kommission des ZK der KPČ über politische Prozesse und Rehabilitierungen in der Tschechoslowakei 1949–1968. Wien-Frankfurt-Zürich 1970.
Pitter, Přemysl: Geistige Revolution im Herzen Europas. Zürich-Stuttgart 1968.
Prag 21. August ... Revolution, Intervention, Invasion. Report, Hrsg. Peter Norden. München 1968.
Prager Schwarzbuch. Bonn-Brüssel-New York 1969.
Pustejovsky, Olfrid: In Prag kein Fenstersturz. München 1968.
Reden zum IV. Kongreß des Tschechoslowakischen Schriftstellerverbandes, Prag Juni 1967. Frankfurt 1968.
Reitzner, Almar: Alexander Dubček. Männer und Mächte in der Tschechoslowakei. München 1968.
Röll, F. / Rosenberger, G.: ČSSR 1962–1968. Dokumentation und Kritik. München 1968.
Sager, Peter: Prag 1968. Analysen, Tatsachen, Meinungen. Bern 1968.
Schmidt-Häuer, Christian / Müller, Adolf: Viva Dubček. Reform und Okkupation in der ČSSR. Köln-Berlin 1968.
Selucký, Radoslav: Reform-Modell ČSSR. Hamburg 1969.
Shawcross, William: Dubček – der Mann, der die Freiheit wollte. München 1970.
Šik, Ota: Fakten der tschechoslowakischen Wirtschaft. Wien-München-Zürich 1969.
Šik, Ota: Plan und Markt im Sozialismus. Wien 1967.
Skibowski, Klaus Otto: Schicksalstage einer Nation. Düsseldorf-Wien 1968.
Škvorecký, Josef: Nachrichten aus der ČSSR. Frankfurt 1968.
Stimmen aus der Kirche der ČSSR. Hrsg. Bé Ruys und Josef Smolík. München 1968.
Sviták, Ivan: Verbotene Horizonte. Freiburg 1969.
Svoboda, Václav: Genosse Aggressor. Wien-Frankfurt-Zürich 1968.
Tschechoslowakei. Einmarsch von Truppen aus fünf Staaten des Warschauer Paktes. Bonn 1968.
Tschechoslowakei 1945–1968. Berlin 1968.

b) tschechische und slowakische Literatur

Bareš, Gustav: Naše ceste k socialismu (Unser Weg zum Sozialismus). Praha 1948.

Bartošek, Karel: Pražské povstání 1945 (Prager Aufstand 1945). Praha 1965.

Beneš, Eduard: Demokracie dnes a zítra (Demokratie heute und morgen). Praha 1946.

Paměti (Memoiren). Praha 1948.

Bouček, Miroslav: Praha v Unoru 1948 (Prag im Februar 1948). Praha 1963.

Bušek, Vladimír: Náš socialismus (Unser Sozialismus). Praha 1947.

Cesta ke Květnu (Der Weg zum Mai), Dokumenty o vzniku a vývoji lidové demokracie v Československu do Unora 1948. Praha 1965 – 2 B.

Černá kniha kapitalistického hospodaření před Unorem 1948 (Das Schwarzbuch der kapitalistischen Wirtschaft vor Februar 1948). Praha 1948.

Českolovenská revoluce 1944–1948 (Die tschechoslowakische Revolution 1944–1948), sborník statí. Praha 1966.

Deset let lidově demokratického Československa (Zehn Jahre der volksdemokratischen Tschechoslowakei). Praha 1955.

Dějinná křižovatka (Historische Kreuzung), autorský kolektiv. Praha 1964.

Engliš, Karel: Hospodářské soustavy (Ökonomische Systeme). Praha 1946.

Erban, Evžen: Základní problémy lidové demokracie (Grundproppleme der Volksdemokratie). Praha 1946.

Fierlinger, Zdeněk: Ve službách ČSR (Im Dienste der ČSR). Praha 1948.

Frejka, Ludvík: Čs. hospodářství na cestě k socialismu (Die tschechoslowakische Wirtschaft auf dem Weg zum Sozialismus). Praha 1948.

– 25. únor v československém hospodářství (Der 25. Februar in der tschechoslowakischen Wirtschaft), III. vyd. Praha 1949.

Friš, Edo: Povstanie zďaleka i zblízka (Der Aufstand aus der Ferne und aus der Nähe). Bratislava 1964.

Ghelfand, S.: Marxismus a křesťanský sociální reformismus (Marxismus und christlicher Sozial-Reformismus). Praha 1947.

Gottwald, Klement: Spisy X – XIV (Schriften X XIV). Praha.

Görlich, L.: Demokracií k socialismu (Durch Demokratie zum Sozialismus). Praha 1946.

– Masaryk a marxismus (Masaryk und Marxismus). Praha 1946.

Hájek, Jiří S.: Socialismus a mládež (Sozialismus und Jugend). Praha 1946.
– Naše dějinná úloha (Unsere historische Aufgabe). Praha 1946.
– Vývoj dělnického hnutí (Die Entwicklung der Arbeiterbewegung). Praha 1947.
Hromádka, J. L.: Komunismus a křesťanství (Kommunismus und Christentum). Praha 1946.
Husák, Gustáv: Svedectvo o Slovenskom národnom povstaní (Das Zeugnis über den Slowakischen Nationalaufstand). Bratislava 1964.
Jech, Karel: Probuzená vesnice (Das erwachte Dorf). Praha 1964.
Kaplan, Karel: Znárodnění a socialismus (Nationalisierung und Sozialismus). Praha 1968.
– Utváření generální linie výstavby socialismu v Československu (Gestaltung der Generallinie des Aufbaues des Sozialismus in der Tschechoslowakei). Praha 1966.
Kolář, František J.: Zestátnění průmyslu a peněžnictví (Verstaatlichung der Industrie und des Geldwesens). Praha 1945.
Kopecký, Václav: Zápas o nové vlastenectví (Kampf um einen neuen Patriotismus). Praha 1948.
– ČSR a KSČ (ČSR und KPČ). Praha 1961.
Koťátko, Jiří: Pozemková reforma (Die Agrarreform). Praha 1949.
Král, Václav: Cestou k Unoru (Auf dem Weg zum Februar). Praha 1963.
Křen, Jan: Do emigrace (In die Emigration). Praha 1963.
Křížek, Miloslav: Malovýroba a socialismus (Kleinproduktion und Sozialismus). Praha 1961.
Kyprová, Vlasta: Ekonomická stránka přechodu od kapitalismu k socialismu (Ökonomische Aspekte des Überganges vom Kapitalismus zum Sozialismus). Praha 1961.
Laušman, Bohumil: Kdo byl vinen (Wer wars chuld). Wien 1953.
– Hospodářská výstavba republiky (Wirtschaftsaufbau der Republik). Praha 1946.
Laštovička, Bohuslav: V Londýně za války (In London während des Krieges). Praha 1960.
Machotka, Otakar: Socialismus českého člověka (Sozialismus für einen tschechischen Menschen). Praha 1946.
Maiwald, Karel: Národohospodářské teorie (Wirtschaftstheorien). Praha 1947.
Mrázek, Otakar: 15 let rozvoje znárodněného průmyslu ČSSR (15 Jahre Entwicklung der nationalisierten Industrie in der ČSSR). Praha 1960.

Nejedlý, Zdeněk: Odkaz našich národních dějin (Das Vermächtnis unserer nationalen Geschichte). Praha 1946.
– T. G. M. Masaryk. Praha 1946.
Odboj a revoluce 1938–1945 (Résistance und Revolution 1938–1945), autorský kolektiv. Praha 1965.
Opat Jaroslav: O novou demokracii (Um eine neue Demokratie). Praha 1966.
Padesát let Československa (50 Jahre der ČSSR). Praha 1968.
Peroutka, Ferdinand: Tak nebo tak (So oder so). Praha 1947.
Plánování ekonomický zákon socialismu (Planung – ökonomische Gesetzmäßigkeit des Sozialismus). Praha 1949.
Prečan, Vilém: Slovenský katolicismus pred Februárom 1948 (Der slowakische Katholizismus vor Februar 1948). Bratislava 1961.
Program Československé sociální demokracie (Programm der Tschechoslowakischen Sozialdemokratie). Praha 1946.
Protokol VIII. sjezdu KSČ (Protokoll des VIII. Parteitages der KPČ). Praha 1946.
Protokol IX. sjezdu KSČ (Protokoll des IX. Parteitages der KPČ). Praha 1949.
Protokol XX. sjezdu Československé sociální demokracie (Protokoll des XX. Parteitages der Tschechoslowakischen Sozialdemokratie). Praha 1946.
Průběh plnění dvouletého plánu 1947–1948 (Verlauf des Zweijahresplanes 1947–1948). Praha 1949.
Reiman, Pavel: Století vědeckého socialismu (Hundert Jahre des wissenschaftlichen Sozialismus). Praha 1949.
Ripka, Hubert: Czechoslovakia Enslaved. London 1950.
Sborník o výstavbě ČSR (Sammelschrift über den Aufbau der ČSR). Praha 1946.
Slovensko 1945–1957 (Die Slowakei 1945–1957). Bratislava 1958.
Slánský, Rudolf: Za vítězství socialismu (Für den Sieg des Sozialismus). Praha 1951.
Skácel, Miloslav: Socialismus a sociální reforma (Sozialismus und soziale Reform). Praha 1946.
Široký, Viliam: Za štastné Slovensko v socialistickom Československu (Für eine glückliche Slowakei in sozialistischer Tschechoslowakei). Bratislava 1952.
– Za industrializáciu Slovenska (Für die Industrialisierung der Slowakei). Bratislava 1945.
Vartíková, Marta: Roky rozhodnutia (Jahre der Entscheidung). Bratislava 1962.

Vznik a vývoj lidově demokratického Československa (Die Entstehung und Entwicklung der volksdemokratischen Tschechoslowakei). Praha 1961.

Vozka, Jaroslav: Uvod do ideologie moderního socialismu (Einführung in die Ideologie des modernen Sozialismus). Praha 1946.

Základní teoertické otázky výstavby socialismu a komunismu (Theoretische Grundfragen des Aufbaues des Sozialismus und Kommunismus). Praha 1962.

Zápotocký, Antonín: O socialistickém soutěžení a mzdové politice (Sozialistischer Wettbewerb und Lohnpolitik). Praha 1956.

– Revoluční odborové hnutí po Unoru 1958 (Die revolutionäre Gewerkschaftsbewegung nach Februar 1948). Praha 1952.

Ze čtyřiceti let bojů KSČ (Vierzig Jahre Kämpfe der KPČ), sborník statí. Praha 1961.

Zenkl, Peter: Naše hlavní zásady (Unsere Hauptprinzipien). Praha 1946.

– Stojíme na první stráži demokratického socialismu (Wir stehen auf der ersten Wacht des demokratischen Sozialismus). Praha 1947.